知识就在得到

带团队的方法

汤君健 ◎ 著

新星出版社　NEW STAR PRESS

目　录
CONTENTS

序　言 / 1

目标篇

一、盯机会

1　向外扫描：如何跳出琐事找机会点 / 006

  1.1　天时 / 008

  1.2　地利 / 009

  1.3　人和 / 011

  1.4　知彼 / 013

2　向内盘点：如何快速找到业务重点 / 016

  2.1　业绩盘点矩阵 / 016

  2.2　业绩优先级矩阵 / 021

3　向上对齐：如何从上级战略中找机会 / 027

  3.1　学会"翻译"战略 / 028

  3.2　时时和上级沟通优先级排序 / 032

二、订目标

1 三个特点：如何从目标本身找方法 / 034

2 三个步骤：如何制订合理的目标 / 036

    2.1 自上而下给原则 / 036

    2.2 自下而上搭积木 / 037

    2.3 中间差额找资源 / 040

三、定方向

1 策略选择：如何梳理目标达成路径 / 046

    1.1 用策略支持目标达成 / 046

    1.2 通过做取舍找策略 / 048

2 主动宣贯：如何让更多人认可你的目标 / 054

    2.1 控好大方向，讲好"为什么" / 056

    2.2 用好"SMART"法则，讲清"是什么" / 059

    2.3 搭建"策略屋"，说清"怎么做" / 061

过程篇

一、资源

1 资源争取：如何科学地向上级要支持 / 070

    1.1 什么时候要 / 071

    1.2 要什么 / 073

    1.3 向谁要 & 利益点 / 074

目录

   1.4　怎么用 / 076

2　资源分配：如何分好资源，化解下属之间的冲突 / 078

   2.1　基于规则管理，而非基于关系管理 / 079

   2.2　用量化标准解决纠纷 / 080

   2.3　引入第三方仲裁机构 / 083

二、流程

1　持续优化：如何提高现有流程的效率 / 085

   1.1　团队管理者要有"效率思维" / 085

   1.2　流程优化三步走 / 086

2　流程清单：如何管理高频琐事 / 092

   2.1　清单缺失导致绩效低下 / 092

   2.2　细、准、熟、练，开发一份清单 / 095

三、绩效

1　绩效管理：如何设定合理的 KPI / 100

   1.1　选择合适的绩效考核工具 / 101

   1.2　设定合理的考核指标 / 105

2　绩效改善：如何帮助员工持续提升绩效 / 112

   2.1　4P 工作法助力绩效提升 / 113

   2.2　利用阶段性绩效反馈提升绩效 / 119

3　绩效突破：如何把握带队冲锋的节奏 / 122

   3.1　预热期 / 123

   3.2　备战期 / 124

   3.3　冲锋期 / 126

能力篇

一、做好增量

1　招聘面试：如何避免看人走眼 / 133
　　1.1　行为面试法 / 134
　　1.2　提问、追问，深挖细节 / 138

2　牛人引进：如何吸引比自己优秀的高手 / 143
　　2.1　如何扩大面试基数 / 144
　　2.2　如何说服牛人加入你的团队 / 146

3　新人引领：如何帮新员工尽快融入团队 / 151
　　3.1　发入职 offer 时 / 152
　　3.2　入职第一天 / 153
　　3.3　第一次阶段性工作汇报时 / 153
　　3.4　第一次遭受挫折时 / 154
　　3.5　第一次取得胜利时 / 156

二、盘活存量

1　组织培训：如何取得预期的培训效果 / 161
　　1.1　怎样选对培训方式 / 162
　　1.2　如何评估培训效果 / 164

2　辅导反馈：如何在工作中提升下属能力 / 171
　　2.1　辅导下属十六字箴言 / 171
　　2.2　"三二一"平衡反馈法 / 175

目录

    3 教练技术：如何提升能力没问题的下属 / 178

        3.1 学会提问 / 180

        3.2 注意事项 / 182

三、提升质量

    1 下属考察：为什么管理层选拔不能只看绩效 / 185

        1.1 考察员工就像问诊大树 / 186

        1.2 如何对员工进行能力考察 / 192

    2 下属评估：如何搭建人才梯队 / 196

        2.1 人才盘点九宫格 / 198

        2.2 两级管理制度 / 201

        2.3 人才校准会 / 202

    3 人才盘活：如何避免团队青黄不接 / 204

        3.1 人才池：把人放在事上练 / 204

        3.2 充分沟通，定期检查 / 208

意愿篇

一、收入激励

    1 薪酬管理：如何应对加薪需求 / 216

        1.1 四种薪酬制度对比 / 218

        1.2 出现薪酬倒挂怎么办 / 220

2 奖金奖励：如何解决激励失效的问题 / 223

2.1 三类代表性岗位奖金设计方式 / 224
2.2 物质激励也要直达人心 / 229

二、发展激励

1 用人所长：为什么短板理论不适用于现代职场 / 236

1.1 扬长避短，而不要只盯着短板 / 236
1.2 三步走，发现下属的优点 / 237

2 职业规划：如何帮下属探索他的职业兴趣 / 242

2.1 员工职业发展管理 / 243
2.2 个人发展计划沟通注意事项 / 247

三、情感激励

1 团队建设：如何提升团队战斗力 / 251

1.1 朋友的团建 / 252
1.2 队友的团建 / 256
1.3 战友的团建 / 258

2 士气激发：如何提升员工士气 / 261

2.1 卖自己、卸包袱、找体感 / 262
2.2 员工稳定度清单 / 266

四、责任激励

1 立威立规：如何快速"征服"不服管的下属 / 269

1.1 快速建立个人威信 / 269
1.2 "四步法"立规矩 / 271

2 价值规范：如何避免团队价值观沦为口号 / 276

    2.1 价值观是制度之外的游戏规则 / 276

    2.2 从"知"和"行"两方面拉齐价值观 / 278

附录 《管理者日历》使用说明 / 283

后记 / 289

序　言

1

18年前，我刚走出校园，作为管培生加入宝洁公司销售部，工作第一天，就被任命带领一支11人的销售代表团队。近20年来，我从一个给大家布置任务都会紧张的菜鸟，慢慢成长为渠道管理总监，带的团队也越来越大。后来，无论是加入一家大型平台电商，出任企业大学校长，还是作为一支创业团队的创始合伙人，我最重要的工作，都是搭建团队并指导管理者们如何带团队。近年来，作为人才发展领域的管理咨询公司创始人，我既给华为、腾讯的职业经理人上过课，也给不少创业公司的企业家做过辅导。近20年的带团队和管理咨询工作，让我发现当今社会给年轻人贴上的职场标签是有失公允的，而这一现实源自深刻的社会变化。

有的人说年轻人"佛系"，其实年轻人只是不愿意接受"画大饼"。新一代年轻人是伴随互联网成长起来的一代，信息获取渠道多元，习惯于和团队内其他成员共享信息。除了知道"任务是什么"，**他们还需要"（公司、团队和我）为什么要做这件事、怎样可以做好"这种全景式目标。**

有的人说年轻人"整顿职场"，其实年轻人只是更加"有规则感"。在从小到大的生活、学习环境中，他们一直被教育要遵守规则，整个社会也越来越强调规则，草莽英雄已经不是这个时代的主旋律。所以，**他们需要你更耐心地把过程要求讲清楚、把游戏规则说明白。**

有的人说年轻人"躺平"，其实年轻人只是不愿使用低效的工作方式，比如加班、重复劳动等，来"表现得自己很努力"。他们从小就拥有远比前辈更好的教育资源，熟练使用各种互联网工具，**他们需要的是能力、效率的提升，而不是低效率的"内卷"。**

有的人说年轻人"社恐"，其实年轻人只是需求多元化了。随着社会生活水平的整体提高，与"70 后""80 后"的员工不同，收入不再是新一代年轻人的唯一需求。**工作中获得的情绪价值和物质价值对激发他们的意愿同样重要**。在遇到"自掏腰包团建""酒桌文化""领导端架子""强行上价值"等行为时，他们选择了"高情商的沉默"。他们只是不想理你罢了。

作为管理者，我们要用人所长、因势利导，而不是吹毛求疵、斥责打压。时代变了，重复性、可替代性的体力劳动已经大量地被人工智能、大规模流水线所替代，而分析、运营、设计、开发等极其依赖脑力劳动的工作岗位，正在成为职场的主流。脑力劳动有两个特点：

一方面，它的过程是看不见的。和生产线上的工作相比，你无法确切地知道，这个对着电脑、手机聚精会神的员工，到底是在构思创意，还是在偷懒发呆，甚至是不是在忙自己的私活。因此，让员工自发自愿地去工作就变得非常重要。

另一方面，新技术、新趋势不断出现，你需要不断带领下属解决新问题。团队必须跟你一起进化，而不是你下命令，他们执行。

因此，调动团队成员的主观能动性，也是这个时代对管理者的要求。

所以，与其抱怨下属"佛系"，不如做好目标管理和沟通，在一开始做计划时就和他们充分探讨，发挥他们想法多、主动性强的优势。

与其抱怨下属"整顿职场"，不如帮他们做好过程管理——定好资源分配的规则，做好流程的设计，讲清楚绩效考核的标准，发挥他们责任心强、执行力高的优势。

与其抱怨下属"躺平"，不如给他们提供更多提高效率的工具，做好培训辅导，发挥他们学习能力强的优势。

与其抱怨下属"社恐"，不如因势利导，充分掌握他们差异化、多元化的需求点，由外而内地驱动他们工作，发挥他们有想法的优势。

你可能注意到了，我这本书的书名并不是"管理"团队的方法，而是"带"团队的方法。这是因为在我看来，"管"和"带"是有区别的："管"是管理事务和流程。而"带"还多了人与人的交心——是带领、带头、传帮带；是把队伍带起来，去达成目标。

现在职场中上级和下属的关系，已经不适合用"官大一级压死人"这样的传统关系来描述了——它更像球队教练和球员的关系。作为教练，你需要调动球员们场上、场下的积极性，需要培养他们的能力，还需要给他们布置战术。教练没办法代替球员们下场去踢球，你也不能代替下属们去工作，你唯一能做的，就是把他们"带起来"。

2

也许你已经做了多年的管理者，却仍然把握不好自己的管理风格——如果过于强势，下属会抱怨连天，甚至一走了之；如果过于弱势，一味忍让，目标数字一减再减，团队倒是一团和气了，事情却推动不起来了。

也许你自己是一名技术好手、业务骨干，刚刚被任命为团队的管理者，但你发现自己5分钟就可以搞定的事，教会下属可能需要2小时，而且效果还不如自己干。那么教还是不教？怎么教？

再比如，团队每个人都有自己的想法和需求，当他们跟你提升职加薪，甚至提离职的时候，你知不知道怎么应对？

如果你遇到过上面这些困境，并且正在寻求解决方法，那么，我这本书也许可以帮到你。

"带人"的能力是不是天生的？是不是跟性格有关系？后天能学会吗？性格过于内敛是不是就"带不好人"？

我的答案是，先天影响我们的，不是带人的能力，而是带人的风格——性格会决定你是一个温和谦逊的领导者，还是一个雷厉风行的领导者；但不管你是什么风格，你都需要掌握一套基础的带团队的方法。

这也就是为什么，很多大型企业甚至会让新晋的管理者全脱产一个星期甚至更久，专门去学习管理。企业为此要付出10万甚至几十万一天的费用。

管理学的书有不少，管理学的课也有很多，你可能都读过、听过。那为什么你还要再跟我学一遍如何带团队呢？

管理这门学问，光看别人做、光听大道理是学不会的。而我这套方法，刚好可以给你两个特别实用的抓手：工具和节奏。

先说工具。

我把我这套带团队的方法分成了"管人"和"理事"两大

部分、务虚和务实两个维度。这样我们就获得了一个矩阵（见表0-1），里面包含了带好团队的4个关键因素：目标、过程、能力和意愿。围绕这4个关键因素，我又列出了33个典型的管理者挑战（见本书目录）。

表0-1 带团队的方法矩阵

	管人	理事
务虚	意愿	目标
务实	能力	过程

我这本书，就是针对这33个挑战给你提供了30多个带团队的解决方案。我希望你把它当作一本字典，遇到具体的管理挑战时，去目录里查一下，找到对应的工具，然后结合你的实际情况进行实践。

这本书的结构也是围绕带团队的4个关键因素来组织的。希望你能通过掌握各种工具，建立管人、理事的各种标准，把管理的"黑盒子"打开，从基于上下级关系进行管理，提升到基于标准、事实进行管理。

首先我们会讨论目标。这是对于团队未来要做什么、怎样才算做得好、如何才能做得好的一次务虚的探索。在目标篇里，我将帮助你解决"如何跳出琐事找机会点""如何快速找到业务重点""如何从上级战略中找机会""如何从目标本身找方法""如何制订合理的目标"等挑战。

然后是过程篇。这仍然属于"理事"的部分，但更加务实。我将帮助你解决"如何科学地向上级要支持""如何分好资源，化解下属之间的冲突""如何设定合理的 KPI（关键绩效指标）""如何帮助员工持续提升绩效""如何把握带队冲锋的节奏"等挑战，实现过程的有效管理。

接下来是能力篇。它和管人相关，也属于务实的部分——团队能力不行，事情管得再紧也没用。关于"如何避免看人走眼""如何吸引比自己优秀的高手""如何帮新员工尽快融入团队""如何在工作中提升下属能力""如何搭建人才梯队""如何避免团队青黄不接"这些典型的团队能力提升挑战，我都会在这一篇中给出解答。

最后是意愿篇。它属于"务虚地管人"。如何激发员工的意愿、让他们发挥主观能动性呢？我会通过回答"如何应对加薪需求""如何解决激励失效的问题""如何帮下属探索他的职业兴趣""如何提升团队战斗力""如何快速'征服'不服管的下属"这些问题给你提供思路。

举个例子。有个下属，一件事你给他讲了好几遍，但好像效果有限，那么，我建议你直接在目录中查找"如何在工作中提升下属能力"这一节。这一节我给你提供的工具是"我说你听""你说我听""我做你看""你做我看"这十六字箴言和"'三二一'平衡反馈法"。只需要按照这几个极简步骤走一遍，你的管理带教能力就可以得到提升，下属的能力也容易培养起来。

再说节奏。

如果说，用工具应对挑战是"见招拆招"，那么作为团队管理者，你还要防患于未然。一些重要但不紧急的事情，应该每周、每月、每季度，固定去做，否则它们的空间就会被其他琐事挤占。怎么固定去做呢？解决之道，就在于提前在你的日历里把它们锁定下来，到了时间就去"打卡"。

所以，除了"字典法"，这本书还有另外一种读法，那就是"打卡法"。在本书的最后，我附上了一份《管理者日历》，从每周、每季度、每年的维度列出了管理者必做的"打卡点"。你可以结合自己的实际情况，把具体管理动作放到你的日程表当中去，从而把一些管理问题扼杀在萌芽阶段。

比如，我们都说公开表扬员工很重要，但总是想不起来，反而主要把注意力集中在员工的不足和失误上。那么，你就应该在你的日程表里记上"每周公开表扬一位员工"。具体该如何表扬，话术都在书里，学了就可以立马去用。

3

近几十年来，中国的优秀企业在研发、品牌、商业模式设计等方面的竞争力，已经有了长足的进步，甚至可以比肩世界一流的大公司。但是在管理方面，我们还任重道远。

在前些年"跑马圈地""野蛮生长"的背景下，找对风口才是硬道理，大家都不把管理放在首要地位。然而，随着经济进入新常态，越来越多的企业意识到，粗放式管理过时了，必须在管理中抓效益。

其实，像咱们中国这些聪明又受过良好教育、勤奋又踏实本分的员工，放眼全世界，都是有充分竞争力的。时代变了，带团队的方法也要变。

谨以此书，与你共勉。

汤君健

2024 年 4 月于上海

目标篇

团队管理者的工作不好做，夹在公司和团队中间，经常受"夹板气"。我总结了以下三种"夹板气"的类型：

第一种：团队找不到业务的机会点。

公司的要求越来越多，KPI定得越来越高，团队却迟迟找不到机会点，你只能用老办法应对新挑战。代价就是加班开始变多，团队士气开始低落，你对这种恶性循环开始陷入担忧和厌倦。

第二种：目标不合理。

你的下属觉得目标高，你的上级觉得目标低，每次订目标的时候，都要来来回回讨价还价。你夹在中间，好像两边说的都有道理，最后团队业绩达不成，受批评、挨埋怨的总是你。

第三种：上下左右"各自为战"。

你作为团队的负责人，为团队的业绩操碎了心，而你的下属则满足于他们个人业绩的达成，你的兄弟团队更是只顾着从上级那里和你抢资源。你不由得感慨，做个团队管理者还不如做个业务骨干——一人吃饱，全队不饿，没有那么多糟心的事。

这三种"夹板气"，对你来说其实是三种挑战。而你之所以会面临这些挑战，很有可能是因为团队目标管理没有做到位。做好团队目标管理是团队管理者必须掌握的重要能力。如果你连团队的目标都弄错了，那么只会让大家越努力，离业绩达成越远。

团队目标管理主要包括这样几方面内容：盯着内外部的机会点、订出上下都满意的相对合理目标、围绕目标落地定出策略方向。我来依次给你分析：

第一，团队管理者要看到，如果想让目标达成，在全盘和趋势上有哪些机会点。团队业绩达成和个人业绩达成最大的不同在于，团队的工作，对象范围更广、时间跨度更大、不确定性更高。找对内外部机会点，才能"好风凭借力"，让团队整体的业绩提升。

第二，团队管理者并不是"传声筒"，简单地把公司目标按人头分配给团队就结束了。作为团队管理者，你一方面要学会解读公司目标达成的必要性，另一方面要学会拆解目标的具体实现路径，让目标达成具备可能性。当目标和现状有差距时，你要知道如何有效地调动资源、弥补差距。这样，就目标这件事，上下级才会和你达成一致，而不是讨价还价。

第三，团队管理者要对达成目标的方法进行取舍，采取最佳的策略，同时做好目标的对外宣导，以换取其他部门的支持。一方面，作业务骨干时，你可以等待上级告诉你做什么，然后只要"正确地做事"即可；但作为团队管理者，你就不能只是埋头干活，必须得自己思考接下来团队的重心在哪里，自己去找"正确的事"。另一方面，资源永远是不够的，而团队管理者则是资源的协调员，只有拉通、对齐上下左右的合作伙伴，才有可能让团队的工作效率提升。换言之，你需要帮助别人，从而让他们更好地帮助你。

在目标篇，我将用三个模块帮助你管理好团队的目标。在第一个模块"盯机会"中，你将了解到如何通过向外进行全局扫描、向内做业务盘点和向上对齐战略，找到绩效目标突破的可能机会点。在第二个模块"订目标"中，你将找到制订合理目标的路径方法。在第三个模块"定方向"中，你将学习到如何进行计划落地和蓝图呈现，让你的合作伙伴更好地支持你团队的目标达成。

一、盯机会

1

向外扫描：如何跳出琐事找机会点

不要用战术上的勤奋掩盖战略上的懒惰[1]。

——雷军

不少团队管理者习惯于在找到业绩突破机会点之前就开始埋头干活。比如，热衷于收集各种报表，日报、周报、月报、项目进度表一个都不能少，却不关心这些表的目的、体现的问题点；或者抓团队考勤、抓衣着规范、抓最后一个离开办公室的人有没有关灯，就是不花时间找出制约团队业绩的真正瓶颈。

这种"过度管理"体现了团队管理者的焦虑心态："我不知道该怎么做，但我知道我总得做点什么"，或者"我很努力地在管理了，最终结果不好不能怪我"。但这种心态会带来严重的后果。过度管理看似管得细，实则大大降低了团队管理者的威信，下属会觉得上级根本不懂，是"外行指导内行"。久而久之，团队工作就会流于形式主义，进入低效率重复；团队成员在合作时，由于看不到

---

[1] 雷军、徐洁云：《小米创业思考》，中信出版集团2022年版。

更大的全局，只能躲在"部门墙"[1]背后，不愿意配合他人。小米创始人雷军说过，"不要用战术上的勤奋掩盖战略上的懒惰"。过度管理其实正是雷军这句话所批评的一种管理懒政。

那么在采取行动前，具体该怎么想清楚，走出过度管理的陷阱呢？办法就是"向外全局扫描"。

我辅导过一个国内知名护肤品品牌的经销商渠道团队。当时，这个品牌遇到了国内、国际各路知名品牌的夹击，渠道经销商和终端门店的利润日益变薄。团队管理者大Z不可谓不勤奋，两年时间中，他和他的团队跑遍了大半个中国，基本全年无休。每到一个城市，大Z都会亲力亲为地去整理货架、盘点库存，带着下属去和经销商一家家谈判。但是，结果却和期望相去甚远——主力款产品只能靠降价促销才有销量，做得越多亏得越多；渠道商谈判能力越来越强，企业原本就薄的利润雪上加霜。

作为管理顾问，我当时问了大Z四个问题：

第一，该品牌传统护肤品的市场年增幅是多少？在哪些细分市场是快过传统品类的？

第二，该品牌在东西南北、一二三线、线上线下、大超市小卖铺等不同市场的占比、增幅分别是多少？快和慢的原因是什么？

第三，消费者有哪些新的需求？渠道客户有哪些诉求？

第四，核心竞争对手有什么新的举措？

令人吃惊的是，这四个问题，大Z都没有办法给出明确的回答。原因就是，他把大量的时间花在了本不该由他花的地方。例

---

1 指企业内部阻碍各部门员工交流的无形的"墙"。

如，理货架、盘库存，以及和某个客户的经理去谈判，这些都是销售经理甚至销售主管就可以干的。因为忙于这些而错过高速发展的新品类、新市场、新需求，是无法原谅的战略上的失误。

这四个问题，问的其实就是向外全局扫描的四类要素，它们能够帮助团队管理者学会从更高的维度寻找未来的机会。这四类要素分别是：

天时：行业发展趋势带来的机会。

地利：所在国家、城市、区域、销售网点的现状带来的机会。

人和：客户、顾客的需求带来的机会。

知彼：竞争对手的盲区带来的机会。

1.1 天时

天时就是行业发展的大趋势。对于公司决策层而言，只要选对风口，确实能达到"选择大于努力"的效果——过去几十年中，外贸、旅游、建材、互联网、房地产等行业，在不同特定时期都有过超乎寻常的表现，如果能够把团队在适当的时间带入这样的行业，那么很多管理上的问题都可以被快速发展掩盖。

但是，不少团队管理者习惯于埋头干活，很少抬头看"天"。某种意义上讲，一旦方向找错了，后面的管理动作做得再好，对于团队的发展也只能是事倍功半。

当然，如果已经身处某个行业，面对周期性的景气或不景气，团队管理者往往很难做出改变。不过，在一定程度上，部门或项目领导者还是可以把握行业内的小趋势的。

回到前文提起的那家护肤品企业，我们通过调研发现，该品牌有一款供孕妇等特殊人群使用的护肤品，销量正在以每年超过200%的速度增加，然而，无论是渠道商、终端门店，还是大Z团队，都没有给这款产品提供陈列、流量、促销等方面的支持——这款产品的销量当时仅占该品牌所有产品总销量的3%，所以，大Z团队在引导渠道商和门店分配陈列和促销资源时，仅仅给了它5%的比重，很难被消费者发现。在重新"看天时"之后，大Z团队做出调整，牺牲部分成熟产品线的资源，给了这个子品类占总投入10%的超额支持。这在当时是非常不可思议的，但这种持续的投入，终于在两年后得到了回报。该品牌快速抢占了这个细分市场前三名的位置，由此带来的业绩增量，远远超过了成熟产品线衰退的损失。

除了行业发展趋势，相关法规、政策等对业务有哪些限制或助力，重大的商业模式变革或技术变革等，都是团队管理者必须关注的。如果你在一个大组织，那么，你的公司应该自己就会有这方面的研究报告；如果你在一个小组织，那你可以到行业龙头企业的官网下载他们的财报，或者查找证券公司、咨询公司的行业研究报告，帮助你更好地对自己的业务发展进行提前布局。

1.2　地利

所在国家、城市、区域、销售网点的不同现状，也会对业务产生很大的影响。就好比行军打仗要看地形图，带团队也要对"地利"有一定的了解，不能只是坐在办公室里对着电脑进行业务规划。**你需要关注的信息包括交通特点、地域文化、支柱产业、行政区划等**，这些都可以通过员工访谈、走访特色区域或现场、登录地方政府官网进行了解。

我在一家快消品公司工作时负责过厦门的零售业务，当时就遇上了一个特别有地方特色的风俗活动——博饼节。每年中秋，当地老百姓会通过投掷骰子的方式选出运气最好的"状元"，颁给他丰厚的奖品。洗发水、牙膏、化妆品等日化用品，因为保质期长、价值感高，就成了博饼节最受青睐的奖品选择。当地市场上，这个品类在博饼节这个节日档期的销售业绩甚至超过了春节、元旦这类传统节日高峰。但是，总部同事对博饼节这一地域文化并没有充分的了解，只把它当作一个很小的节日，所以一直没有投入充分的资源。

我很快意识到了这个节日的巨大价值，于是做了博饼节的宣传单页，拍摄节日照片、视频，带着博饼道具去总部向各个品牌的资源负责人进行游说。在帮助总部同事了解了这个节日的巨大消费能力之后，我带着各个品牌的促销资源满意而归，最终取得了业绩的大幅提升。这就是了解地域文化带来的业绩突破。

另外，地利还包括区域内销售终端的变化趋势。大Z团队也遇到过类似的问题。五年前，小区周围的"夫妻老婆店"是他们的销售主力，但是，随着居民消费习惯的改变、租金的不断上涨，越来越多的销量正在往头部百货商场和大卖场集中。然而，大Z团队还在把接近80%的人力用在仅产出30%业绩的"夫妻老婆店"上，真正需要他们精细化运营的百货商场、大卖场这些网点，却出现了严重的人手不足。后来，大Z团队调整了覆盖比率，果断放弃20%的尾部低产销售网点，将重兵压在头部卖场，销售很快实现了逆转。

1.3 人和

客户[1]也是找方向、目标的一个突破口。**你必须知道你的团队是在为谁服务，而不同的服务对象，也会反过来影响团队的每一个细节动作。**例如一家 To B（面向企业）销售公司的财务团队，如果认为自己的客户是公司管理层，那么，宁愿生意不做也要保证财务报销流程合规，就是他们再正常不过的选择；如果认为自己的客户是经销商，那么，他们很可能会主动想各种办法帮助客户缩短报销流程。

对于大 Z 团队来说，他们的客户，也就是各级经销商、零售网点，对于渠道利润的需求越来越强烈，而大 Z 团队却依然在做价格促销，眼里只有销量，不关心客户能赚多少钱，这样当然得不到客户的有效支持。

更糟糕的是，在这样的导向下，大 Z 下属的各个团队之间形成了恶性价格竞争：原本打折 10% 就可以达到促销结果，折扣最低的团队居然常年半价销售，破坏了整个销售生态。

意识到问题所在之后，大 Z 果断采取了三大措施：

首先，砍掉无效的低价促销。

其次，和客户一起坐下来，制作了一张联合 KPI 计分卡，把客户关心的利润指标和自己关心的销量指标放到一起进行监测和管理。

---

1 这里说的客户是广义的，包含顾客和客户两个概念：顾客是指终端消费者、购物者；客户包括外部客户和内部客户，前者一般是指企业渠道，如经销商、大卖场等，后者是公司内部的服务对象，比如技术部的客户是产品部、设计部的客户是商务拓展部，等等。

最后，加快利润高、销量增速快的新品上市的步伐。

在采取这些措施之后，虽然部分团队经历了一个季度的阵痛，但是，仅用了半年左右的时间，团队的整体业绩便开始有所回升，到 11 月就已经完成了上一年全年的销售额。

一家健康的企业，不应该以上级的命令为大，而应该以客户的声音为大。企业正是通过解决客户的问题来创造价值，从而获得收益。

优衣库创始人柳井正在《一胜九败》[1]里提到这样一个观点：**经营必须以唯一与顾客直接接触的商品和商场为中心**。他认为："你是做财务或人事工作的，你就应该思考，这个工作与顾客、商品、商场之间的关系是怎样的……你怎样做才可以为商品和商场做出贡献。"

所以，如果一时找不到好的工作方向，你不如干脆放下手上的工作，和你的团队直接到客户中去，看看他们有什么需求还没有得到满足。

如果你们公司是做 To C（面向用户）业务的，那么你可以参与到用户访谈中，了解顾客的搜索、购买、使用、投诉和复购行为；如果你们是做 To B 业务的，那么你可以到客户的现场去调研，对客户的采购、客户的用户进行访谈。

这里和你分享一个访谈的小窍门：少问对方为什么，多问对方怎么做。比如，不要问用户或客户"您为什么购买我们的产品"，而要多问"您是如何知道我们公司的产品的""您推荐我们公司的

---

1 ［日］柳井正：《一胜九败》，徐静波译，中信出版集团 2018 年版。

产品给朋友时，具体是怎么说的"。当然，你也可以去对公司内部的"客户"进行访谈，了解他们的真实需求。

1.4 知彼

有这样一个段子，两个游客在森林里遇到了熊，其中一人拿出了跑鞋穿上，他的同伴不解地问："你就算穿了跑鞋，也未必跑得过熊啊。"那人回答："我不用跑过熊，我跑得过你就行。"

团队管理者看竞争对手是同样的道理：**很多时候没有必要过度投入资源，甚至都不需要自己发明出新的方向，只要盯着竞争对手打就可以了。** 在全局扫描的时候，竞争对手的发展阶段、市场份额、重要的指标上和我方的对比，等等，都是需要去提前了解的。通过搜集行业报告等公开信息，实地走访竞品，甚至面试同行，你就可以找到方向。

小马是一家活动策划公司的HR（人力资源）负责人，面临着未来公司人力资源业务的规划问题。公司现在的工资水平是否有竞争力？是应该通过大幅提薪来提高员工满意度，还是应该把加强培训作为未来的工作中心？内部轮岗制度有没有必要？公司目前有40名策划人员，这个配置是高了还是低了？类似这种问题，其实没必要闭门造车。核心竞争对手给出什么样的薪酬标准？他们公司的培训制度是怎样的？他们一个策划人员一年创造的效益是多少？这些都可以作为小马制订自己公司规划时的决策依据。

有一个小技巧。当你在制订团队目标或者指标的时候，如果不知道应该设置一个多高的数字，那么，你可以参考这个口诀：**跑赢大盘，跑赢竞对，跑赢自己。** 也就是说，你的目标或指标，只要比行业平均水平高，或者比核心竞争对手高，或者比自己过去的表现高，就是相对合理的。

最后，提醒一下后端业务部门，比如技术部、工程部、研发部、制造部、人事部等部门的团队管理者：由于不像前端市场部、销售部等业务部门的团队管理者那样贴近业务一线，你可能对于行业的商业模式、公司成本结构等都不够了解，往往也缺少外部视角，特别容易陷入"部门墙"思维，会误以为全局扫描只是前端业务部门的事。这种想法对你的职业发展是很危险的，一旦企业控制成本、收缩开支，离前端远的部门往往就会成为裁员的重灾区。所以，你应该主动联合前端业务部门，一起进行全局扫描，从你们专业的视角去思考如何能够更好地贴近、服务前端业务团队。

划重点

在向外做全局扫描找机会点时，团队管理者要关注四类要素：

1. 天时：行业发展趋势带来的机会。
2. 地利：所在国家、城市、区域、销售网点的现状带来的机会。
3. 人和：客户、顾客的需求带来的机会。
4. 知彼：竞争对手的盲区带来的机会。

管理动作打卡点

▼

请你带着你的核心骨干团队,对团队未来的业绩增长点做一个全局机会的搜索,填写表1-1(我在表中以某To B美容仪器设备销售公司为例填写了一行作为范例)。

表1-1 全局机会一览表

	可能的机会点	对策略的启发	后续跟进动作
天时	一年后,不符合国家监管新规的某类美容仪器将不得在特定渠道销售。而我方一直按高标准进行产品设计,新规对我方其实是利好。	将有一批企业退出该品类市场;很多员工不知道公司在这方面的投入及新规对行业的影响。	开始接触部分优秀的行业候选人;开发谈判话术;举办产品销售技巧培训;进行企业文化宣导。
地利			
人和			
知彼			

2

向内盘点：如何快速找到业务重点

> 优先级排序有助于组织分配资源，尤其是时间、资金、管理和员工注意力等稀缺资源。
>
> ——《哈佛商业评论项目管理手册》[1]

在纷繁的业务中，该如何快速找到重点呢？有的团队管理者可能会说：问老板，老板说啥是重点啥就是重点。基层员工这样"向上管理"是可以的——搞清楚上级期望，然后严格执行。但你是管理者，上级对你的期望不再是"听话就好"，而是要请你带着方案去找他。

在这一节，我给你介绍两个工具：业绩盘点矩阵和业绩优先级矩阵。它们可以帮助你全方位地对手头的工作做一次盘点，从而快速找到业务重点。

2.1 业绩盘点矩阵

我们先来看怎么做好业绩盘点，平衡长期和短期。"业绩盘点

---

[1] [西]安东尼奥·涅托-罗德里格斯：《哈佛商业评论项目管理手册》，傅永康、吴江等译，电子工业出版社 2022 年版。

矩阵"是一个四两拨千斤的工具，可以帮助你透过表面的业绩数字，快速找出所有促发增长的潜在因素。它其实是从存量和增量两个维度去盘点业务和组织，帮你快速平衡短期业绩和长期可持续发展。

表 1-2 是一个以销售部门为例的业绩盘点矩阵。

表1-2 销售部门业绩盘点矩阵

	提升业务	发展组织
存量	成熟产品的自然增长 老区域分销的渗透率提升 现有客户关系维护 现有促销预算使用效率提升 现有用户购物体验优化 ……	培训、辅导现有员工 团队文化建设 激励政策优化 ……
增量	新产品 新区域 新客户 新渠道 新业务模式 ……	招聘新人 引入新的工作流程和工具 ……

首先看"提升业务",顾名思义,关注的就是公司要你完成的业务方面的相关目标。

这里的"存量"指的是目前业绩的主要来源。在销售上,主要体现在成熟产品的自然增长、老区域分销的渗透率提升、现有客户关系维护、现有用户购物体验优化等方面。这些是你的基本盘,不容有失,你可以在现有基础上进行维持。

但是,仅仅沿着以前的方向走,很难保证你的业务有新的增长。你还需要在"增量"上寻找新的机会,比如新产品、新区域、新客户、新渠道、新业务模式,等等。

在处理存量和增量的关系问题时,管理者容易犯的一类错误是,找到新的机会点之后,"all in"[1],对团队的业绩造成巨大冲击。

大虎新任一家宠物食品跨境电商公司的运营总监。他发现美国市场上大包装的猫粮销量正在以每年20%的速度增长,而自己的团队还在主推中小包装的产品。这个生意机会让他激动不已。于是,他命令团队三个月内把小包装产品下架,不允许对中包装产品进行折扣促销,并且把所有推广资源都投到大包装产品身上。同时,他认为现有团队运营水平较差,无法跟上自己的战略节奏,于是在半年的时间里,换掉了接近40%的老员工,从外部引进了经验丰富的"高手"。

结果,大包装产品的销售虽然涨势喜人,但是远远弥补不了公司基本盘,也就是中小包装产品的损失。同样,新人虽然有丰富的运营经验,但是和团队磨合毕竟需要时间。

---

[1] 德州扑克用语,指把所有资源投到一个地方。

一番折腾之后，公司对大虎失去了耐心，最终将其辞退。

和业务骨干冲锋陷阵不同，团队管理者要学会向内看，平衡方方面面的矛盾。作为团队管理者，如果你不能有效地分配资源，并且快速给团队带来胜利，队伍的士气和对你的信任便不会持久；但如果不能平衡长短期业绩，团队又很有可能走不远。

此外，大多数团队管理者在盘点业绩机会点的时候，只考虑业务本身，很容易忽视团队建设。然而，作为团队管理者，你既要背业务指标，还肩负着组织发展的责任——要知道，磨刀不误砍柴工，只有团队成长了，才能带来业务的持续成长。业务＋组织，才等于完整的业绩。所以，我把"发展组织"这一列也放在了业绩盘点矩阵中，它同样由存量和增量两部分组成。

我们来拆解一下组织是如何产生业绩的。

一支队伍如果严重缺编少人，是没办法干活的。所以，首先人员得配齐。但是，如果团队齐编整员，却都是新人，人均单产[1]低，那么战斗力也可想而知。而人均单产又会受到个体能力、意愿度和工作过程中的效率三方面因素制约。

所以我们可以推导出组织业绩的公式：

组织业绩 = 人数 × 人均单产

拆解一下，也就是：

组织业绩 = 人数 ×（能力 × 意愿度 × 过程效率）

---

[1] 也就是人均业绩，用业绩总额除以人数。

怎么通过控制等号右边的四个变量来提升组织业绩呢？以下是一些可以采取的备选行动。

人数：招聘。包括校招、社招。社招又可以分为内部 HR 招聘、外部猎头推荐、员工内推、合作伙伴推荐等多种形式。我会在能力篇来详细讲解。

能力：包括课堂培训、最佳实践分享、知识萃取、课后练习、培训效果的检核考试、练习后的辅导反馈，等等。关于这部分内容，我同样会在能力篇进行详细讲解。

意愿度：包括物质激励（升职、加薪、奖金、奖励、职业发展等）、非物质激励（团队文化建设、表扬表彰、文化价值观引导等），以此提升彼此之间的信任度，改善员工的工作状态。我会在意愿篇再来详细讲解。

过程效率：包括员工工作流程的优化、效率工具的开发、操作运营系统的保障等。我会在过程篇进行详细讲解。

简单来说，要发展组织的存量，可以做的事情包括通过培训、辅导提升现有员工能力，通过团队文化建设和激励政策提高员工的意愿度，优化现有工作流程和工具提高员工工作效率；而发展组织的增量，可以做的事情则包括吸引更多人才加入、引入新的流程和工具，等等。

这个业绩盘点工具不是只有销售部等前端业务团队才可以用，你如果是技术、财务、人力等部门的管理者，也一样可以用到。表1-3 是一位技术部门管理者的业绩盘点矩阵，供你参考。

表1-3 技术部门业绩盘点矩阵

	提升业务	发展组织
存量	优化现有代码 终止损害用户体验的产品运维 ……	给现有员工做好代码规范培训 提升基层管理者带队伍能力 ……
增量	开发新产品功能 引进新的开发工具 启动数据看板优化项目 ……	招聘技术达人加入 引入全新的需求提报机制 ……

当然，这只是一个简单的例子。我曾经在业绩盘点矩阵里一口气列出了最近3个月要做的23件事。你也可以试一下，尽可能详细地写出你要做的事，放到表中的4个格子里。

2.2　业绩优先级矩阵

做完业绩盘点，你心里基本就有底了。但是，我们列出了这么多任务，需要全都立刻开始行动吗？当然不是，每个人的资源和时间都是有限的，因此进行业绩优先级排序尤为重要。

你或许听过时间管理矩阵，在它的基础上，我改良出了一个团队管理者的业绩优先级矩阵，来帮你分清任务的大小缓急。你可以把上一步业绩盘点中列出的任务，放到优先级矩阵里。

表 1-4 是一个以销售部门为例的业绩优先级矩阵。

这个矩阵是按照业绩价值的高低和任务的大小去划分的。通常来说，成绩容易被管理层看见，或者被列为公司战略重点的，就是"业绩价值高"的任务；反之，就是"业绩价值低"或"不确定"的。三个月内就能搞定的，是"小任务"；要做三个月以上的，就是"大任务"。

我们看矩阵左上格子中的第一类，业绩价值高的小任务，我把它叫"低垂的果子"。做这类任务也就是俗话说的"挑软柿子捏"，找到你的发力点。

以我自己的经历为例。我在刚刚晋升销售团队管理者的时候，特别想一口气吃个胖子，憋一个大的订单回来。所以，起初我把大量的精力和团队资源放到了年底合同谈判上。但我的上级提醒我，先做好某品牌洗发水一款新品的上市谈判和执行，是当下优先级最高的事。

原因有三：

第一，新品能给公司带来新的业绩，公司一定会投入大量资源支持；

第二，做新品不需要招兵买马，用现有的人就够了；

第三，新品做起来难度低，只要往客户货架上一摆，铺货的任务就算完成。

我听取了建议，把力气全用在这个发力点上。果然，团队凭借全渠道第一个上市新款洗发水的战绩，拿下了当季的最佳销售团队奖，一下子就帮我站稳了脚跟。之后，我们再凭借这个成功案例去

表1-4　销售部门业绩优先级矩阵

	小任务	大任务
业绩价值高	马上做 （低垂的果子） 出新品 改善伤害用户体验的环节 ……	慢慢做 （拆成小项目） 拓展新区域 开辟新渠道 ……
业绩价值低或不确定	持续提醒公司 开发新的销售管理系统 优化流程 ……	获得管理层充分信任后再做 探索新的生意模式 重点投入 （可持续业绩） 培训 提升用户体验 维护客户关系 ……

找客户谈年度合同，就毫无障碍，客户纷纷给我们开了绿灯。

想吃到更多的"低垂的果子"，你还可以改善那些伤害用户体验的环节，比如缺货、促销价格沟通不当，等等。如果能够及时解决这些问题，不需要花大力气，你就可以看到很好的效果。这类"低垂的果子"任务，就是我们这次分析最重要的产出，也是接下来你要和上级确认的工作重点。

矩阵的右上格子中是第二类，业绩价值高的大任务。

像拓展新区域、开辟新渠道这类任务，一旦做好了，很可能成为你的业绩亮点。但是，这类任务仅靠现有的人手和资源肯定是不够的。而等你把人和经费找齐，很可能两三个月都过去了。

那么，这类任务该怎么完成？我的建议是，你可以把它们尽量拆成一堆"低垂的果子"，把容易出业绩的部分拎到前面。比如，拓展福建的业务，是一个很大的工程，但先以拿下厦门作为试点，则比较容易切入。而且，短期内拓展一个重点城市，会比半年以后拓展一个省，更能巩固你的成绩、增长你的信心。

左下格子中是第三类，业绩价值低或者不确定的小任务。

比如，你需要公司开发一个新的销售管理系统，优化现有的工作流程。这种任务虽然不大，但是短期出不了什么业绩，别人就不太愿意支持你。不过，你可以持续对公司给出适当的提醒。比如，每次开会时你都可以提一句，希望公司支持开发某某系统。让外部对你保持关注就可以。

右下的格子中是第四类，业绩价值低或者不确定的大任务。

比如你刚刚上任，想探索新的团队管理模式或经营模式，但这个时候你连招人都还没谱，就算探索出了新模式，能不能转化成业绩还是一个未知数。这种工作，建议你在充分获得管理层信任后再去做。

要特别提醒的是，请重点关注那些短期内做了未必有效果，长期来看却对业绩增长非常有帮助的事情，我把它们叫作"可持续业绩"。它们会给你的业绩带来一种"复利效应"：今年做好了，明年不需要从头再来，而是在今年的基础上继续为你创造业绩，就像存钱的利息再存进去还能产生利息。这样年复一年叠加上去，收益是惊人的。

像销售部门靠短期促销带来生意，人力部门靠加工资带来团队稳定，技术部门靠集体加班带来开发量，这些都属于不可持续业绩，只有不断加大资源投入才可能见到效果。可公司的成本是有限的，人的时间精力也是有限的，当一切投入都已最大化时，业绩增量又该从哪儿来呢？显然，这时候就必须发展可持续业绩了。

比如，仓储物流部门的管理者要第一时间分析仓库周转商品结构，找出低周转、高库容的商品，而不是整天忙着卸货搬货，找更大的仓库；人力资源部负责人要着手打造高绩效团队，分析员工离职的原因，而不是忙着招人面试；技术部管理者要注意代码规范建设、需求提报制度建设，而不是醉心于开发数量。除此之外，团队的人才培训、培养，用户购物体验的提升，预算的使用效率，客户的关系维护，等等，都属于可持续业绩。

这些都不一定是短期就能出业绩的事情，但你一定要把它们作为长期工作的重点，在你的计划里体现，充分利用它们的"复利效应"。

另外，我还要特别提醒从业务骨干刚刚晋升上来，或者是空降的团队管理者：在优先级这件事情上一定要重视。因为你刚接手一个新团队，大家对你期望值高但信任度低。如果你不能在短期内取得充足的"早期胜利"，甚至可能影响你在管理岗位上站稳脚跟或者影响你的试用期转正。

划重点

想快速找到业务重点，你需要分两步走：

第一步，从业务和组织两个方面盘点你的增量和存量，列出你要完成的所有任务；

第二步，把这些任务按照业绩价值的高低和任务大小排出优先级，找到你短期和长期的发力重心。

管理动作打卡点

▼

请带领你的团队制作并填写业绩盘点矩阵和业绩优先级矩阵，找出接下来一个季度的"低垂的果子"，也就是业务价值高的小任务。

3 向上对齐：如何从上级战略中找机会

> 利出于一孔者，其国无敌。
>
> ——《管子·国蓄》

一位上市公司CEO（首席执行官）"毙掉"了一位总监的转正申请。他在向高管团队解释时说："我让这位总监候选人做试用期业务发展述职，结果他开口就向我要更多的费用和更多的业务员。销量目标加一倍，他的策略就是促销费用和业务员加一倍。至于现有业务如何优化、新的业务增长方式在哪里，这些公司一再强调的提高运营效率的战略点，他完全没有自己的思考和对应的行动。更要命的是，这位候选人还特别能自己感动自己，为了增加一倍的业务员，这几个月他每天都忙招聘忙到半夜，觉得自己没有功劳也有苦劳。问题是，招聘是他的工作重点吗？"

你看，这位总监候选人就犯了团队管理者在向上管理时的典型错误：**没有和自己的上级确认工作重点。**

他认为重要的机会点，比如招业务员，在他上级看来完全没有价值；反过来，公司的战略方向，他也没有去了解和布局——其实CEO内心需要他做的，是先提高人均单产再扩张。遗憾的是，由于沟通不畅，他并没有完全解读CEO的信息，只是按照自己的想法在工作。

作为团队管理者，公司往东你往西，造成的后果不是"老板觉得你不听话"那么简单，而是会使你的团队，甚至整个公司的业绩增长效率大幅降低。

例如，公司明年的战略方向是拓展新渠道，而销售部门却守着老渠道、老客户，不去开辟新渠道；人力资源部没有招到开辟新渠道的高手；市场部没有拿出打开新渠道的产品组合；技术部也没有及时研发对接新渠道的技术接口……这些都会导致公司的战略意图最终无法达成。

所以，在寻找业务机会的时候，团队管理者切忌闭门造车，哪怕对外有全局视角、对内有业绩优先级矩阵，还是要记得向上对齐，去"翻译"公司和上级对战略机会的理解。

3.1 学会"翻译"战略

公司对战略机会的描述，往往是高度概括性的文字，而且有环环相扣的内在逻辑，这就增加了解读时的困难。而作为团队管理者，你不太可能和普通员工一样，遇到问题第一时间找上级——你必须学会自己去解读。比如什么是"消费升级战略""渠道战略""狠抓效率""人才战略"，有些战略甚至被缩写成了一个关键词或关键字，类似"做大、做强""多、快、好、省"，听起来都对，但具体是什么，就让人一头雾水了。而且，光自己解读是不够的，你还需要把战略变成团队的行动，找到业绩突破的机会点。

究竟该如何对战略进行拆解和解读呢？

作为团队管理者，你对公司的战略意图要有敏锐度。一般而言，公司会有年度的战略宣讲会、季度的战略沟通会，甚至一些公司级的优秀员工表彰，背后都体现了公司对于战略机会的倾向性。

捕捉到公司的战略意图之后，你还要知道应该采取哪些行动。例如，公司在战略宣讲会上提出要控制营销费用，那么，市场部就可以将"成为高ROI（投入产出比）的投放团队"作为自己的战略方向，再寻找提升ROI的具体方法，如拓展高ROI投放渠道、减少低ROI投放占比，等等。

整体而言，公司战略一般涉及四个维度。

财务维度：和企业营收、利润相关的战略，包括增加收入、降低成本等。

客户维度：和客户相关的战略，包括提升客户体验、客户满意度、产品质量、市场占有率等。

运营维度：和企业内部运营效率相关的战略，包括流程改进、业务模式创新等。

学习成长维度：和组织成长相关的战略，包括员工能力提升、打造学习型组织、组织发展、提高人才密度等。

那么，针对这四个维度的战略，团队管理者应该如何行动呢？我总结了一些相关的关键词和行动方向，放在表1-5中，在需要进行战略解读时，你可以一一对照。

表1-5 常见战略解读

战略维度	战略关键词	常见缩写	行动方向 业务部门 销售/运营/采购等	行动方向 支持部门 市场/技术/研发/生产供应链等	行动方向 保障部门 人事/财务/法务/总经办等
财务维度	丰富现有产品线 覆盖更多渠道 增加销售数量 增加投资性收入	多	开拓新渠道 加强新品销售技巧培训	对新产品进行推广宣传 开发新的媒体渠道 研发、量产新产品	组织架构设计上,提升新产品、新渠道的团队汇报级别 招聘更多业务人员和产品开发人员
财务维度	加快资金回笼 加快资金周转	快	提升采购谈判力 对库存商品进行促销清仓	降低库存金额	控制并优化资金结构
财务维度	提高产品售价 提升客单价 提升关联购买率	好	提升店面陈列 优化产品组合,提升高端产品占比 加强销售技巧培训	针对高价产品进行推广 优化高价产品服务体验 提升高价产品服务质量	提供产品成本结构优化建议
财务维度	延长供应商账期 减少成本 减少费用支出	省	提升和供应商谈判的能力 控制业务人员数量	减少营销、研发投入 开拓投入产出比更高的营销渠道	控制人员编制和招聘费用 控制并降低营销、研发投入 提升人均产出

续表

战略关键词	常见缩写	行动方向		
		业务部门 销售/运营/采购等	支持部门 市场/技术/研发/生产供应链等	保障部门 人事/财务/法务/总经办等
客户维度				
提升用户体验	优	设立用户之声项目，倾听用户反馈	设立用户访谈、调研项目，了解用户需求 设计、优化用户体验地图 开发中高端产品	优化用户服务流程，支持业务部门服务外部用户 进行全员用户体验文化宣贯
提升产品质量	质	跟踪关键产品用户的反馈 采取高价策略	调研用户对产品质量的期望 设立供应商管理优化项目 设立精益生产项目 开发中高端产品	进行全员质量管理文化宣贯
提高市场占有率	抢	采取低价策略	开发中低端产品	打造狼性文化
运营维度				
流程改进	改	拆解销冠流程步骤	设立多部门联合流程改进项目	宣贯流程一条龙经理文化
创新	新	新品上市 新模式投入	开发新品	宣贯创新文化
学习成长维度				
打造学习型组织	学	萃取销冠经验	设立知识萃取和经验文档沉淀项目	建设学习型企业
信息系统 数字化转型 变革	变	使用客户管理系统	开发信息系统	设立业务财务一体化项目 宣讲数字化案例 建设变革文化

3.2 时时和上级沟通优先级排序

对战略进行"翻译"，可以帮助你更好地把握工作重点。但不要忘了，最终的工作重点取决于上级的安排。

你也许会说：好像上级交代给我每件事时，都说它很重要啊？

这个困扰很普遍，不但你会遇到，我在给腾讯员工做时间管理培训时，发现他们同样会遇到。课前调研中，一位学员向我反馈："领导布置工作时，怎么可能主动说这个工作不重要？"没错。但是手头那么多工作，每个都重要，显然只会导致每个都"不重要"。

那该怎么解决呢？答案是，定期让上级给你排个序，确定工作的优先级。

所谓确定优先级，就是请上级帮你把工作按重要性从高到低排一遍，这样一来，到底什么"真重要"就能一目了然，而且得到双方的认可。

如果上级对你的工作细节没有那么了解，那么也可以请他告知排序的原则。例如，我曾经担任过项目管理部的总监，一个季度有 40 多个项目同时推进，CEO 不可能一个个给我排序，于是他就告诉了我他的排序原则：关于用户的排第一，关于风险控制的排第二，关于销售增长的排第三……这样，我很快就能把工作重点向上对齐了。

确定优先级不是一劳永逸的事，上级的想法不是一成不变的，战略也有可能随时发生调整。可能有些团队管理者会担心，老找上级，容易显得自己"能力不足"。这种想法是错误的，该沟通时必须及时沟通。你可以提前了解一些沟通的注意事项，例如：

第一，和上级协商一个固定的目标沟通周期，如每个月第四周的周五下午；

第二，提前一天发给上级沟通的议题和相关阅读资料；

第三，沟通时先回顾上一次沟通后的进展；

第四，沟通中多让上级做选择题：A 方案优劣势在哪里？B 方案优劣势在哪里？而不是做问答题：目标完不成该怎么办？

第五，沟通结束后当天把会议纪要发给上级。

划重点

1. 作为团队管理者，你需要对公司的战略进行解读，还要和上级对齐优先级排序。

2. 战略解读可以从财务、客户、运营和学习成长四个维度出发。

管理动作打卡点

▼

请和你的上级做一次沟通，从财务、客户、运营和学习成长四个维度，找到适合你团队的行动方向。

二、订目标

1
三个特点：如何从目标本身找方法

> 夫未战而庙算胜者，得算多也；未战而庙算不胜者，得算少也。
>
> ——《孙子兵法·始计篇》

每年或每个季度结束，制订下一个阶段的目标时，团队管理者往往就要开始"头疼"：上级给我定 30% 的销量增长，如何通过"讨价还价"降低一些？我给下属定 30% 的增长，如何防止他来和我"讨价还价"？

为了留出和下级谈判的空间，有些团队管理者就会制订一个虚高的目标，这样做的坏处是下属对于目标没有敬畏感，养成"会哭的孩子有奶吃"或者"目标本来就做不到"的错误团队文化。有些团队管理者则会走另外一个极端，不敢订量化的目标，这又会导致团队工作没有重点。

究竟该如何制订合理的目标呢？让我们回到目标本身的特点找方法。

团队的目标，应当具备必要性、可能性和有效性。

必要性，是指为什么必须做到这个数字。它对公司、对团队、对个人意味着什么？为什么一定要增长 5%、10%、30%，而不是随便拍脑袋定下来的另外一个数字？某个开发项目为什么一定要在 3 月 31 日前完成而不是 6 月 30 日？

可能性，是指目前团队所具备的能力、业务的抓手，是否可以支撑这个目标。如果支撑不了的话，目标就成了许愿。

有效性，是指目标和现实之间的差距可以用一定的资源、方法补齐。

团队管理者不用追求所谓"绝对正确、精准"的目标，但要敢于通过制订目标，提升自己和团队对于目标的必要性、可能性和有效性的掌控。具体该怎么做呢？我给你一个三步走口诀：自上而下给原则，自下而上搭积木，中间差额找资源。

2

三个步骤：如何制订合理的目标

取乎其上，得乎其中；取乎其中，得乎其下；取乎其下，则无所得矣。

——《论语》

2.1 自上而下给原则

作为团队的管理者，在制订目标时，你首先需要做的，是自上而下地向团队说明你的目标制订原则——**你可以从跑赢大盘、跑赢竞对、跑赢自己三个维度来回答目标的必要性。**

跑赢大盘，是指基于业务来源的基本盘情况进行必要的目标制订。例如，我服务过一个方便食品企业，该企业在制订目标时，就综合考虑了不同省份的人口增长、人均收入、城镇化情况、GDP情况等权重。有些企业里做 To B 销售的团队，也会根据市场目标企业的存量、增长趋势、平均采购量、采购频次等进行目标测算。例如，目标客户的产品消耗量比上年提高了 10%，但客户总数没有大幅增加，那么今年的增长目标就应该至少在 10%。

跑赢竞对，是指基于竞争情况进行必要的目标制订。例如，某快消巨头的零售渠道，某年制订的增长目标是 20%。要知道，对于百亿规模的企业来说，一年增长 20%，都快赶上很多小公司加在一起的全年营业额了。但是，公司的原则非常清楚：当年中国相关品类市场的总增长是18%，自己只有增长20%，才能带来市场份额的提高，从而战胜竞争对手。如果目标是增长10%，就算完成了，也会丢掉市场份额，又有什么意义呢？

跑赢自己，是指基于公司经营的关键指标进行目标制订。比如，我服务过的一家服装企业，制订的目标就是退货率要下降若干点。因为根据测算，退货率每下降2个点，可以给他们带来1%的净利润提升。而当时该企业的退货率已经到了公司盈亏平衡的生死线。

2.2　自下而上搭积木

作为团队管理者，你认为自己制订的目标是很有必要的，但是，在员工看来，它是否合理呢？

所以第二步，你需要发动员工，让他们做一次自下而上的绩效积木搭建，把不同业务抓手可能带来的目标结果进行叠加。你可以引导他们利用"加减乘除"等方法，看各项行动是如何支撑目标结果达成的。

举个例子。某企业的大客户渠道团队有这样一个公式：销售额 = 新客收入 + 老客收入。其中新客收入可以拆解为"新客线索 × 新客转化率 × 新客首单订单金额"，老客收入可以拆解为"续约收入 + 增值收入 − 流失收入"。此外还有一个公式：销售线索获客成本 = 获客总花费 ÷ 线索数。那么，如果今年该团队完成了5000万元业绩，则其明年的绩效积木搭建如表1-6：

表1-6　某企业大客户渠道团队绩效积木搭建

	抓手	增长计划	增量（单位：元）	百分比	计算逻辑
1	新客拓展	增加2场大型会议营销[1]	200万	4%	每场会议营销预计带来10个新客户，平均每个新客户当年首单订单金额10万元。增加收入合计：10个×2场×10万=200万。
2	新客拓展	新客获客效率翻倍	100万	2%	通过优化投放方式，切换高产出渠道，把获客成本从2000元降低到1000元，在总预算不变情况下预计多带来10个客户。增加收入合计：10个×10万=100万。
3	老客续约	老客续约率提升10%	200万	4%	目前有老客户100个，续约率为80%，提升到90%，老客户年订单金额平均20万元。增加收入合计：100个×10%×20万=200万。
4	老客增值	每客购买服务数增加0.4个	400万	8%	目前有老客户100个，平均购买服务数2个，通过专项培训和激励，增加到2.4个，每个服务价格平均10万元。增加收入合计：100个×0.4个×10万=400万。
5	某大客户流失	某大客户确认明年3月1日起不再合作	-100万	-2%	该客户月贡献订单金额10万元。损失收入合计：10万×10个月（3—12月）=100万。
	自下而上目标合计		800万	16%	

1　指通过产品发布会、招商会等方式，面向特定顾客销售产品的营销活动。

表 1-6 的绩效积木搭建，是该企业大客户渠道团队对于目标"可能性"的分析。通过一系列基于业务逻辑的"加减乘除"，我们可以看到，该团队对于 16% 的业绩达成可能性是有一定把握的。

在这个绩效积木的搭建过程中，最重要的是把团队拉进业务的逻辑。可以不追求数字的绝对精确，基于历史数据进行大胆预测，每个季度还可以进行修正。

另外，在计算时要留一些冗余，尽量保守一些。例如，细心的你可能发现了，表中在计算 3 老客续约时，老客单价是按照平均购买 2 个服务，也就是 20 万元的历史平均水平算的，而不是按 4 老客增值后平均购买 2.4 个服务，也就是 24 万元算的。这确保了各绩效积木之间彼此独立、互不影响，万一某个行动没有达到预期，不会带来连锁反应，也符合谨慎经营的原则。

如果你要和上级去谈目标，我建议你也自下而上地做一份这样的绩效积木搭建，既让上级看到你对目标的思考，在讨论目标是高还是低时，也有数据依据。

以下是部分工作相关的"加减乘除"公式，其中有几个可以进一步拆解，供你参考。当然，对于不同职位的管理者和不同规模的生意，公式里的变量具体要分解到多细的程度，没有标准答案，一般而言，至少要细到你可以掌控。如果你是一家餐饮连锁企业的区域总经理，那么你的公式可以是低产门店营业额 + 高产门店营业额，在此基础上分析如何提升或者是否关闭低产出门店；如果你是一名店长，那么你的公式则需要具体到你所在店铺的座位数、翻台率等，分析这些指标该如何改善。

零售类经营公式：零售毛利润 = 客流量 × 成交率 × 客单

价 × 毛利率 = 淡季利润 + 旺季利润

To C 端电商运营公式：利润 = 流量 × 转化率 × 客单价 − 营销成本 − 商品成本 − 供应链成本 − 人力资源成本 − 其他管理费用

餐厅经营公式：营业额 = 低产门店营业额 + 高产门店营业额 = 客流量 × 客单价 = 座位数 × 翻台率 × 上座率 × 客单价

产品开发型企业经营公式：利润 = 新品利润 + 老品利润 = 新品年在售天数 × 单日利润 + 老品利润

人力资源部招聘公式：招聘到岗人数 = 简历数 × 简历通过率 × 一面通过率 × 终面通过率 × 接受 offer(录用通知)率 × 到岗率 × 试用期转正率

即使你不是前端业务团队的负责人，不为最后的销售、利润负责，我也建议你了解你们公司的生意公式。这有助于你找到自己在这个价值链条中创造了什么价值，从而确定自己该制订什么目标。

例如，在上面的公式中，产品开发型企业的很大一部分利润来自新品年在售天数的增加，这意味着缩短产品开发周期就是企业创造利润的重大抓手。那么，如果你是后端研发团队的负责人，你就应该把研发周期能缩短多少天作为自己团队的重要业绩目标。

2.3 中间差额找资源

上级制订的"必要性"目标，和下属搭建的"可能性"目标之间，通常都会有一个差额。比如，团队自下而上算出明年增长 16% 是可能的，但是，公司要求团队必须做到 20% 的增长，这样才能保证市场份额不丢给竞争对手。这时候，有经验的团队管理者，无论是向下把目标"压下去"，还是向上把目标"谈下来"，都不会仅就目标本身讨价还价，而是会从资源与目标匹配的角度，探索目标达成的有效性。

还是上面的例子。如果公司一定要做到 20% 的增长，那和现有资源支持的可达成目标之间，显然有 4% 的缺口。作为团队管理者，你就要正视这个缺口，要么引入新方法、新工具，要么引入促销资源、激励政策等新的绩效积木，让目标在做计划时就具备达成的有效性。表 1-7 在表 1-6 的基础上，对"必要性"目标和"可能性"目标之间的差额，进行了所需新资源的绩效积木搭建。

类似这样的目标拆解方式，并非只适用于营销业务团队。只要目标可以量化，任何团队的管理者都可以进行绩效积木的搭建。例如，某企业人力资源部的年新增招聘目标是 50 人，表 1-8 就是该部门管理者搭建的绩效积木。

再如，某企业产品开发团队制订的目标是开发周期缩短 30 天，表 1-9 是该团队的绩效积木搭建。

最后，还有两件事要提醒你注意。

第一，如果你的工作确定性强，实现路径清晰，例如你从事的是已经经营多年的销售、运营工作，历史数据都齐全，那么，我会建议你在订目标的时候强势一些，自上而下给压力。反之，如果你的工作不确定性较强，例如你从事的是开发、研发、创意等工作，或者业务还没有完全跑通的销售工作，那么，你就应该把更多的自

表1-7　某企业大客户渠道团队目标差额绩效积木搭建

	抓手	增长计划	增量（单位：元）	百分比	计算逻辑
1	新客拓展	增加2场大型会议营销	200万	4%	略
2	新客拓展	销售新客线索获客效率翻倍项目	100万	2%	略
3	老客续约	老客续约率提升10%	200万	4%	略
4	老客增值	每客购买服务数增加0.4个	400万	8%	略
5	某大客户流失	某大客户确认明年3月1日起不再合作	-100万	-2%	略
	自下而上目标合计		800万	16%	
1	额外购买奖励政策	客户充值激励10%	50万	1%	现有老客户100个，预计有10%愿意参与充值，每个客户充值5万元，合计贡献100个×10%×5万=50万。需要50万×10%=5万元激励金。
2	额外区域开拓项目	新拓展湖南省业务	150万	3%	按照过往经验，类似湖南省规模的市场，新拓展当年可以贡献150万元额外销售额。需要30万元启动资金。
	目标差额合计		200万	4%	需额外投入35万元。

表1-8 某企业人力资源部绩效积木搭建

	抓手	增长计划	增量（单位：人）	计算逻辑
1	网站招聘	新增某招聘平台	10	对标我司现使用的同档次平台年招聘量。
2	校园招聘	新增5所目标院校	20	对标我司现校园招聘院校平均产出。
3	猎头招聘	新增合作猎头2家	10	对标我司现合作猎头平均产出。
	自下而上目标合计		40	
1	内部推荐	建立内部推荐制度	10	内推率从0提升到5%，目前200名员工，预计新增200人×5%=10人。需每人8000元推荐奖金，共计8万元预算。
	目标差额合计		10	需额外投入8万元。

表1-9　某企业产品开发团队绩效积木搭建

	抓手	加速计划	缩短天数	计算逻辑
1	调研期	把市场调研、用户访谈、竞品分析等节点从串行改为并行	10	原调研流程共有8个节点，每个节点用时约6天，依次进行，共48天。改为同步并行后，先将5个节点并行，再和另外3个并行节点进行串行，根据测试仅需38天。
2	测试期	引入新的沟通流程	6	原沟通时间为10天，引入新的沟通流程后，将原有的20次产品与设计沟通会缩减为8次，预计减少60%沟通时间。10天×60%=6天。
3	决策期	引入产品决策标准	4	按行业平均水平，将产品开发决策会时间从8天缩短至4天。
	自下而上目标合计		20	
1	供应商开发	引入供应商开发领域的管理咨询公司	10	经咨询顾问诊断，可将供应商开发阶段缩短10天。需要60万元顾问费。
	目标差额合计		10	额外需要60万元顾问费。

主权下放给下属，你把控大方向，员工自下而上报目标。

　　第二，如果上下级对目标确实存在巨大分歧，而且短期内也没有资源补上之间的差额，那么我会建议你订两个目标。一个高一些，订成挑战目标；一个低一些，订为稳健目标。挑战目标如果达成，团队可以领到一大笔额外的奖金，皆大欢喜；稳健目标则属于立了军令状，必须达成，如果没有达成，团队要接受严厉的处罚。

划重点

　　1. 没有绝对合理的目标，也没有目标绝对不合理。团队管理者要敢于制订目标，也要善于用目标管理团队工作。

　　2. 制订目标要分三步走：第一步，自上而下给出目标的必要性；第二步，让团队自下而上搭建绩效积木，检验目标的可能性；第三步，针对二者的差额找出有效达成的资源。

管理动作打卡点

▼

　　请仿照表1-7，带领你的团队做一次下季度绩效积木的搭建。

三、定方向

1

策略选择：如何梳理目标达成路径

> 同时追两只兔子，到头一只也抓不着。
>
> ——英国谚语

1.1 用策略支持目标达成

目标确定了，接下来的挑战是怎么实现。

团队管理者经常犯的一种错误是"许愿式"管理：没有对目标达成路径进行策略思考和梳理，仅凭主观的美好愿望去期待一个好的结果。

举个例子。我曾经问一位 CEO：你明年一个亿的销售目标，是怎么安排的？他回答：东区 2500 万元，西区、北区各 2000 万元，南区 3500 万元。我继续问：那么，东区这 2500 万，你又怎么安排团队达成呢？他回答：东区大客户团队 1000 万，电商团队 1500 万，创新渠道 500 万。我继续追问：那么，大客户团队这 1000 万又如何分解呢？这位 CEO 完全答不上来了，只好把东区的总经理叫来，结果总经理的回答是：张三、李四、王五、马六，每个人各 250 万，谁达不成就扣谁工资！最后的执行结果可想而知，管理陷入失控。

这样的问题非常典型。很多管理者以为把目标拆解开交给下属完成，就万事大吉了；或者对目标的分解浮于表面，更多靠自欺欺人地"许一个愿"，而没有对行动进行取舍并采取相应的策略。这样做，大概率团队到年底是达不成目标的。

类似的现象还有很多：招聘团队祈祷下个月投简历的人多一些，电商运营团队祈祷流量来得多一些，技术团队祈祷 bug（漏洞）出现得少一些。总之全靠许愿碰运气，运气好，这次目标就达成了，下次未必有那样的好运气，目标就达不成。

那么，究竟怎么做才能保证目标达成呢？**作为团队管理者，你要开始提炼自己的各种策略，也就是对达成目标的最优方法进行选择与组合。**

我的合伙人给我分享过他操盘一家百亿电商企业时的一个经典案例。当时，他通过提炼策略实现了业绩翻倍。

这家电商平台的网站首页有一个团购入口，需要选产品参加。要知道，网站首页的资源是非常稀缺的，为了抢这个资源，各个类目的负责人争得不可开交，互不相让。

大家试过轮流坐庄，各类目无论大小挨个上，结果变成了搞平均主义大锅饭，网站整体销售受到了影响；又试过经理们投票选热卖品，结果投出来的产品和顾客的真实购买需求相去甚远，每次出销售数据的时候特别像彩票开奖，好坏完全凭运气，把管理变成了一门"玄学"。

我这位合伙人当时新任该平台总经理，他用了两天时间，选出京东、淘宝和自家平台上各自团购销量最好的 300 个单品和销量最差的 300 个单品，做了一张 Excel 表格，想看看到底是什么导致一款产品在团购页面上卖得好或卖得不好。结果，他发现卖得好的产品存在一些共性，总结起来是 15 个字：

受众广，品牌响，价格优，文描精[1]，还包邮。

于是，他立刻改变了之前靠轮庄、投票选品的方式，转而采用这 15 个字作为选品策略。无论哪个类目的产品，都必须符合这个选品策略，才能进入网站首页的团购页面。这么一调整，当期上团购的产品销量就有了大幅改观。到了 7 月份，一个月的团购销量就接近 1 月到 6 月的总和。

仅通过选品这一件事，我们就可以清晰地看到，团队管理者的策略思考可以带来巨大的业务提升价值。在团队工作中，管理者拆解目标之后，要尽可能通过各种策略的选择和组合帮助团队达成目标，这样才不至于让整个目标的完成变得不可控。

1.2 通过做取舍找策略

利用策略进行管理，好处有三点：

第一，策略可以起到放大作用。你可以让团队成员复制你的策略，把你一个人的经验变成全团队的方法。

第二，经验无法应对变化，但策略可以持续调整。每个业务周期结束之后，你都可以对自己采取的策略进行复盘，从而逐步提高

---

1 指电商产品详情页文案描述精准。

自己的管理水平。

第三，策略可以使资源投放的效率提升，避免眉毛胡子一把抓。

那么，该怎样进行策略的选择和组合呢？我用我合伙人的案例给你总结一下，他一共分了三步走：

首先，把决策因子筛选出来。

其次，为每个决策因子做出倾向性选择。

最后，在实践中检验策略的有效性。

看着有点蒙，对吗？别怕，让我带你完整走一遍，你就理解了。

第一步，把决策因子筛选出来。

在上一节的案例中，受众、品牌、价格、文描、包邮5大要素，就是做好这盘生意的决策因子。决策因子具体是什么，在不同的生意模式中有不同的答案，你可以找你的上级或者业内专家进行咨询。这里，我推荐你用5W2H这个思维工具进行筛选。5W，包括Who（对象）、What（方案特点）、When（时间）、Where（地点）、Why（利益点）；2H，包括How（方法）、How much（预算）。这7个维度当中的每一个，都存在多种不同的选择。我将其中的主要内容整理成了一个表格（见表1-10），你一看就能明白。

把所有选择尽可能全部列出来之后，就到了第二步，为每个决策因子做出倾向性选择。

比如，我那位合伙人就选择了以下几点：

Who：受众要选广的而不是窄的；
What：品牌要选知名的大品牌而不是小众品牌；

表1-10　5W2H策略组合表

Who（对象）	广，窄？高，低？男，女？老，少？
What（方案特点）	普遍性，特殊性？高品质，性价比？
When（时间）	周期波段，拉长平均？短期，长期？淡季，旺季？
Where（地点）	线上，线下？站内，站外？试点，铺开？
Why（利益点）	利己，利他？利益驱动，愿景驱动？
How（方法）	借力，单干？模仿，差异？创新，循旧？激进，保守？分工，合作？过程，结果？分级，不分级？个体，集体？资源，技术？
How much（预算）	高投入，低投入？短回报周期，长回报周期？

Why：价格低且包邮的商品，好过没有配送服务的；

How：选文描精的商品，而不选页面粗劣的。

当然，如果你对策略思考比较陌生，想一下子就选择对、组合好，确实比较困难。不过，策略往往有迹可循，从过去的成功案例中归纳出规律，可谓一条捷径。你自己经历过的，或者公司曾经的成功经验，甚至行业外部公司的案例，都可以成为你提炼策略的思路来源。

比如，我那位合伙人在选择时，其实就是照着京东、淘宝的成功案例抄作业。他当时对我说，这些成功平台都没有选小而美的产品，而是选了受众广的大品牌，自然有人家的道理，咱们为啥非不信邪呢？

做出了倾向性选择之后，就可以进行第三步了，在实践中检验策略的有效性。

一下子提炼不出"完美"的策略没关系，重要的是通过迭代的方式，在自身资源、能力的基础上，对达成目标的各种方法进行选择、组合，逐步找到最佳的策略。

比如，我那位合伙人第一次提炼出的策略只有四条，是不是要包邮，当时他还比较犹豫。但是跑了一周的数据之后，他发现，有没有包邮，销量差了50%。那么，就必须把包邮这一条也加上。果然，全部包邮之后，数据就很好看了。

当然，策略思考绝对不是业务部门负责人的专属能力。我在创业时分管过公司的人力资源部门。我发现，做人力资源也离不开策略思考。一开始，我们照搬大公司的做法，结果走不通。而在结合公司的实际情况调整策略之后，我们的招聘和用人效率都取得了大幅提

表1-11 大公司和创业公司人力资源策略对比

	大公司	创业公司
用人策略	校招为主：员工就像白纸一张，自己慢慢培养	社招为主：没有培训体系，企业生存压力大，员工来了就要出活儿
招聘策略	通过官网收简历：公司知名度大	猎头、内部推荐、直接登门：公司没有知名度
培训策略	能力提升类培训为主：领导力、沟通技巧、跨部门合作等	专业提升类辅导为主：人数较少，没必要上大课；员工流失率高，能力提升见效慢
薪酬策略	高底薪、低或无绩效浮动，主要靠晋升实现加薪	低底薪、高绩效（或高期权等）：企业没有精力设计复杂的薪酬绩效体系

升。表1-11就是大公司和创业公司人力资源策略的对比。

你看，策略不是既要又要还要，而是充满了大量的取舍，只有正确地取舍，才能集中资源，让目标更好地落地。

划重点

1. 团队管理者需要提炼各种策略,对达成目标的最优方法进行选择与组合。

2. 在进行具体的选择和组合时,可以使用 5W2H 思维工具。

管理动作打卡点

▼

用 5W2H 策略组合表(见表 1-10)做一套你手头的工作方法组合,并与竞品或者你过去的做法进行对照。

2

主动宣贯：如何让更多人认可你的目标

做得好，别人才会信任你；说得好，别人才会追随你。

——职场谚语

很多管理者拐不过来从"业务骨干"到"团队管理者"的弯，其中一个典型表现是忽视了"主动宣贯"的重要性——一旦目标确定了，就开始自己闷头干活，以为下属们看到了榜样的力量，就会主动行动起来，殊不知，下属们无论是认知还是行动，都还停在原地呢。

我自己在刚晋升的时候就犯过这种错误。上任都大半年了，我居然还没想到和团队成员就目标进行一次正式的沟通——我一直默认他们应该是知道的。直到我陆陆续续和分散在全国各地的下属们一起工作时，我才发现，他们当中的很多人都不知道团队接下来的工作重心是什么，对业务目标也只有一个数字上的概念。如果你问为什么是这个数字、具体怎么做才能达到这个数字，他们就一问三不知了。

为什么会出现这种情况？因为在目标的制订过程中，我的团队成员并没有在现场。我和他们之间存在着巨大的信息不对称。

之后，我每年必开一次正式的目标宣贯会，甚至每个季度还会开一次小型的通气会。通过这两个会，我发现团队明显有了目标感。

所以，作为团队管理者的你，每年至少要做一次公开的目标宣贯来争取团队成员的支持。宣贯可以在公司年会、部门动员会上进行，也可以在述职等工作场景中进行（宣贯对象甚至可以推而广之，从下属延展到公司内部的利益相关方）。在组织宣贯时，你可以参考表1-12的结构，也就是目标宣贯的三段式——为什么、是什么、怎么做，尽可能全面地提升听众对目标的认可度。

表1-12 目标宣贯三段式结构

	关键点	具体内容
为什么	过去	回顾挑战
		回顾成绩
	现在	分析机会
	未来	构筑愿景
是什么	目标	目标数字
怎么做	策略屋	屋顶（愿景）+支柱（业务策略）+地基（组织和系统保障）

2.1 控好大方向，讲好"为什么"

在向团队成员介绍具体的目标之前，应该有一个"为什么"环节进行铺垫。如果不讲为什么制订该目标，后面的"是什么""怎么做"即使讲得再多，也无法拉齐对目标的认同。"为什么"是方向问题，它是目标规划的原点；"怎么做"是方法问题，它是目标的落地步骤。

一次目标宣贯，可以先从回顾过去一个阶段的挑战、困难说起。这样做的好处，是通过"忆苦思甜"，表达对团队成员的感谢，拉近和他们的距离，同时，也可以管理他们的预期，为下一步"回顾成绩"做铺垫，告诉大家过去成绩的来之不易。当然，说困难时一定要实事求是，夸大或避而不谈遇到的困难，都会给听众传递"不诚恳"的错误印象。

在回顾取得的成绩时，有一个口诀叫"**列数字、晒照片、辩证看**"。

你可以把团队过去一年关键目标达成情况的具体数字列出来，还可以把一些精彩瞬间的照片做成暖场视频进行播放，这样既有数字进行理性展示，又有图片进行感性传播。关于照片，你不仅可以选择团队庆祝某个里程碑事件或者团建的温馨时刻，还可以搜集一些一线员工日常辛勤付出的平凡时刻，甚至遇到挫折的"至暗时刻"，这些点点滴滴都能很好地唤起团队成员的共情。

对于过去目标的达成，你需要进行一个辩证的反馈：做得好的指标中，是否隐藏着危机？做得差的指标中，是否蕴含着新的机会？

表 1-13 是我的一位老领导做的业绩回顾，他对于目标达成情况的辩证态度给我留下了深刻的印象。

表1-13 老领导的业绩回顾表

	前年情况	去年情况
销售额	+10%	+12%
销售量	+8%	+13%
市场份额	40%	39%
渠道客户利润率	10%	9%

当时，我们的销售额在前一年增长10%的基础上，又实现了12%的增长，团队成员都觉得过去一年简直无可挑剔。但是这位老领导一针见血地指出，我们依然有巨大的提升空间。

他说，首先，我们产品销售量的增长超过了销售额，这意味着增加的销售以低客单价为主，与公司的战略方向不符。其次，我们的市场份额也在下滑。所以，大家千万不能被表面的繁荣蒙蔽。不过，我们可以看到，机会点就隐藏在给客户的利润中。渠道客户的利润率不增反降，从10%降到了9%，如果今年能改善这个点，那么，我们对于接下来目标达成将充满信心。

在回顾挑战和成绩之后，你需要对现状进行分析。这样做的目的，是避免过去的挑战和未来的方向这两部分脱节。在读完目标篇的第一模块"盯机会"之后，你应该发现了一些业务机会点，此时你可以结合这些机会点来与听众进行沟通。如果内容比较多，你可以用SWOT分析[1]等工具对信息进行结构化处理，尤其是直面劣势

---

1 一种战略规划工具，用于评估组织、项目或个人的优势（strengths）、劣势（weaknesses）、机会（opportunities）和威胁（threats）。

和威胁，反而可以增加团队凝聚力。

接下来，到了未来的部分，你需要"构筑愿景"。如果你对业务胸有成竹，并且所在的领域变化不大，那么，你可以试着展望三五年后的未来；反之，只考虑一两年后的未来也可以。你可以告诉听众未来业务有哪些趋势，三五年后可能有哪些成果，你心目中理想的团队是怎样的状态，等等。总之，你的目的是让听众对中长期规划有所了解，这样也便于大家接受短期的目标。

如果没有对未来的愿景构筑，只有一个个具体的"指标"，成员们和团队之间必然会出现割裂感。

例如：

下个月要完成200万销量；
下个季度要提升5个点毛利；
3月底要减少100万元的库存；
下班前打完20个电话。

这些都是典型的"指标"，是上级给下属安排的工作。如果只给团队成员提出这样的要求，而不让他们看到成功的图景、团队的未来，就会导致他们认为，一旦某个指标完成了，接下来只会迎来更高的指标，就好比古希腊神话中的西西弗斯，反复地把一块大石头推到山顶，滚下来再推上去，这样士气当然高涨不起来。

再来看下面一组：

未来三年我们要为100万位妈妈顾客选择合适的尿布（使命类）；
五年后我们要成为市场前三的雇主品牌（愿景类）；

十年内我们要成为服装品类出海第一品牌（愿景类）。

非常明显，从这组对未来的描述中，我们能看到团队的努力方向：既可以是为用户创造价值的使命类，也可以是对自身团队发展的愿景类（当然也可以两个都提到）。而且未来随着中短期目标不断接近你的长期使命、愿景，你在团队的威信也会得到大幅的提升。

2.2 用好"SMART"法则，讲清"是什么"

在回顾了挑战、成绩，分析了当下，展望了未来之后，相信你的听众对于目标为什么对公司重要、对客户重要、对个人重要已经有了一定的定性的认知，再提出今年定量的、具体的目标"是什么"，就变得顺理成章了。

在描述具体的目标时，建议你参考 SMART 法则。

所谓 SMART，是英文单词 Specific（具体的）、Measurable（可用数字衡量的）、Attainable（可以实现的）、Related（有相关性的）和 Time（时间限定的）的首字母缩写。根据这一法则描述出来的目标，具体而清晰，在宣贯时更容易被听众接受。

举个例子。一位 HR 负责人按照 SMART 法则，最终确定的目标是："明年 1 月 1 日前，公司人效达到 300 万元，并且把主动离职率（业绩优秀员工的离职率）控制在 10% 以内。"不过，最初他们团队的目标可不是这样的，而是一句口号：成为业务部门的好参谋，好伙伴。表 1-14 演示了利用 SMART 法则对这个目标进行优化的过程。

表1-14 SMART法则拆解

SMART	Specific	Measurable	Attainable	Related	Time
判断步骤	是否具体非抽象	是否数字非好像	是否现实非想象	是否相关非假想	是否限时非意向
错误目标案例	成为业务部门的好参谋、好伙伴	人效要高 离职率要低	人效要达到500万元	离职率要低于10%	尽量于12月底完成
描述目标过程中的灵魂拷问	你怎么定义"好"？	有数字吗？	数字的依据是什么？	所订立的目标和任务有关联吗？	有时间期限吗？
正确目标示范	人效目标 离职率目标	人效要达到××万元 离职率要低于×%	行业平均人效为350万元，而我们去年只有250万元；人效达到300万元是务实的目标	被动离职率（如业绩不佳被劝退）不应计算在内；主动离职率要低于10%	明年1月1日前达成

2.3 搭建"策略屋",说清"怎么做"

讲完目标"是什么",下一步是介绍"怎么做",也就是目标具体该怎么达成。在这个环节,很多团队管理者会陷入一个误区:过度沉迷于技术细节,把自己的工作计划照着念一遍。这样容易让团队成员和参会的利益相关方都抓不住重点,而且信息太多,也很难被记住和传播。

那么,怎样才能在这个环节取得更好的效果呢?我的方法是"策略屋",你可以用它进一步提炼你的目标具体该怎么达成。

所谓策略屋,就是用一张房屋形状的图片,把你的策略全貌一目了然地呈现出来(见图1-1)。它的屋顶,是你团队的使命、愿景、目标数字;它的支柱,是你的业务策略;它的地基,是你的组织和系统保障。

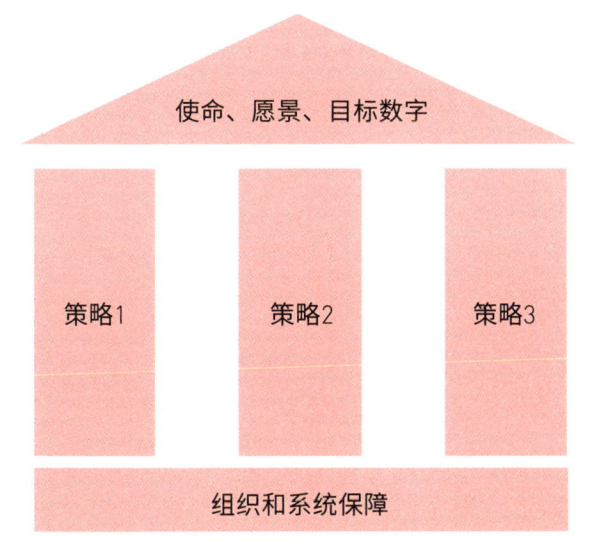

图1-1 策略屋示意图

屋顶部分，是你团队努力的方向。

支柱部分，我建议你把策略提炼成高度概括的关键词、字，这样非常便于传播。我见过这样一个经典案例：某快消品织物护理事业部，把复杂的策略提炼成了"贵、大、液"三个关键字——"贵"是指要增加高端洗涤产品销售占比，"大"是指要增加大包装产品占比，"液"是指要增加洗衣液占比。那天开完宣贯会，我的脑海中一直飘荡着"贵、大、液"这三个魔幻的字。之后很长一段时间，只要被问到织物护理事业部的三大策略，参加过宣贯会的同事们几乎人人都可以脱口而出。

我们来做个练习，用这个方式对某企业的下列策略进行提炼：

覆盖新增一级门店；
做好四月的新品上市销售；
抓住旺季完成促销品订货；
提升低产促销员产出；
改善助销工具的陈列。

结合零售行业"人（营销人员）货（商品货物）场（零售场所）"的核心场景，我们可以把这些策略提炼为"达人""好货""高场"——"达人"是指提升低产促销员产出，让他们成为销售达人；"好货"是指提升新品、促销品销售；"高场"是指增加更多高产出售点，通过助销工具的陈列提升门店单产。

当然，策略屋还要有坚实的"地基"，也就是组织和系统保障。你可以结合"盯机会"模块的"向内盘点"一节中关于组织发展的建议，把组织和系统保障的行动计划放进来（见图1-2）。

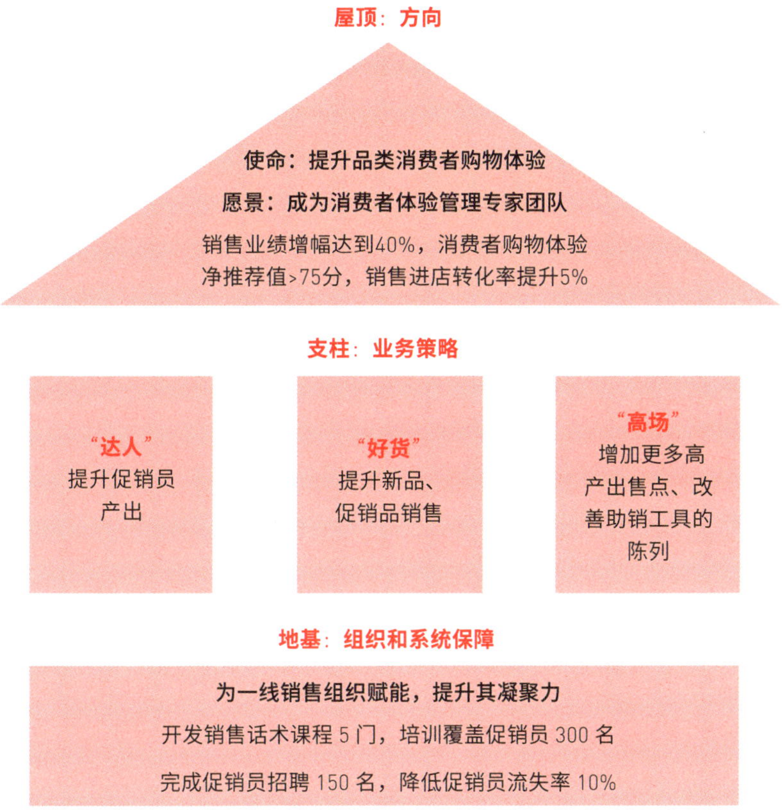

屋顶：方向

使命：提升品类消费者购物体验

愿景：成为消费者体验管理专家团队

销售业绩增幅达到40%，消费者购物体验净推荐值>75分，销售进店转化率提升5%

支柱：业务策略

"达人"
提升促销员产出

"好货"
提升新品、促销品销售

"高场"
增加更多高产出售点、改善助销工具的陈列

地基：组织和系统保障

为一线销售组织赋能，提升其凝聚力

开发销售话术课程5门，培训覆盖促销员300名

完成促销员招聘150名，降低促销员流失率10%

图1-2 某企业的策略屋

最后，提醒你注意，除了在正式会议上进行目标宣贯，日常工作中对于目标的宣贯也是无处不在的。抓住一切可以帮助你宣贯的机会和场合，这会让你的团队成员和利益相关方更好地、潜移默化地接受你的目标。

为了最大化策略屋的宣贯效果，你还可以对它采取以下两种使用方式：

第一，用策略屋的结构来进行其他管理工作的宣导。例如，绩效看板的组成、员工述职的内容框架、KPI的设计、日常奖项的命名等，都可以用策略屋的结构展开。这样，即使目标宣贯会开完了，大家的工作重心依然可以围绕策略屋延续。

第二，可以把策略屋图片打印出来挂在公开场合。策略屋是高度提炼的，不怕泄密。把它挂在公开场合，可以随时提醒团队成员自查工作是否围绕策略屋进行。

划重点

团队管理者要让目标得到好的宣贯，一要学会"为什么""是什么""怎么做"的三段式目标宣贯结构，二要学会用"策略屋"进行高效呈现。

管理动作打卡点

▼

和团队成员一起绘制一张你们的策略屋。

过程篇

没有目标的过程管理是盲目的，而没有过程管理的目标则是虚无的。即使目标再清晰，如果没有一套行之有效的过程管理标准，团队管理者依然会疲于奔命，最终的结果也会失控。

某科创企业的中层管理者大 Y，就是一个做不好过程管理的典型代表。大 Y 作为这家企业的研发技术总监，领到的开发任务目标非常高，却没办法把任务"压下去"。具体表现包括以下几点：

第一，资源的分配没有标准。分配任务时，各小组的组长都倾向于抢工作量最小的，而抢开发资源时，各小组又都想多拿多占，彼此之间争执不休。大 Y 只好花大力气去搞团队建设，请外部培训师讲了好多次团队合作课程，但是收效甚微。

第二，员工的工作步骤没有标准。由于缺少标准化的步骤，所有的大事小情都要由大 Y 确认后才能推进。大 Y 管得越多，团队就越往后退，独立思考和工作的能力越来越差。而且，由于没有工作标准的沉淀，每次遇到问题似乎都像是遇到了一个新问题，要临时开会决定该如何做、由谁去做，效率极其低下。

第三，员工的绩效考核没有标准。大 Y 认为只有销售部门才能采用 KPI 考核，而技术开发部门的绩效则没法用数字衡量，所以员工绩效考核主要靠小组组长主观打分。但组长们都不愿意"当坏人",普遍给组员打高分。

从大Y的案例中,我们不难发现过程管理的三大误区。

误区一,资源管理制度缺失,导致团队陷入内耗:团队之间出现争吵,并不是上几堂团队合作的课就可以解决的。在没有制度可依的情况下,为了出业绩,对于各小组来说,靠争吵来"抢"资源是最简单、直接的办法。但管理者不能让团队形成"会哭的孩子有奶吃"的风气。

误区二,流程管理缺失,导致管理者疲于奔命:管理者管理的应该是流程节点,而非某个任务细节。例如,在评审软件开发的需求时,什么级别的员工可以发起需求?什么时候可以发起需求?频次怎样?应该如何描述需求?这些问题,团队一直没有定义清晰。这就导致管理者只能凭个人经验进行判断,进而陷入工作的细节,一再重复劳动。

误区三,绩效管理缺失,导致业绩落实不到个人头上:绩效考核既不能只靠主观评价,也不能只看KPI数字。员工干得好不好,本质上是与管理者对他们的预期比较出来的。高于预期,说明做得优秀;低于预期,说明做得不达标。这个预期,可以是具体的销售数字,也可以是项目的进度、质量等可以量化、细化的标准。一旦预期缺失,就会滋生"平均主义大锅饭"的问题:做得好的人没被发现、表扬、激励,就会倾向于少干活。

所以,在过程篇,我将从资源出业绩、流程出业绩、绩效出业绩三个维度,提升你的过程管理能力。在资源模块,我会从资源争取和资源分配两个方面介绍如何最大化利用好资源;在流程模块,我会教你如何设计颗粒度细至具体动作的流程,以及如何持续对其进行优化迭代，以提高团队工作效率；在绩效模块，我会教你如何通过绩效管理机制设定相对合理的 KPI，并且持续进行绩效改善，最后带队冲锋，帮助团队突破绩效瓶颈。

一、资源

1

资源争取：如何科学地向上级要支持

兵马未动，粮草先行。

——管理谚语

作为团队管理者，你不能指望老板把资源分好了直接交到你手上，或者下属们自发自觉地去分资源。你必须主动出击，去引导资源的分配，才能确保过程可控。学会科学地向公司要资源，是你的管理必修课。

什么是不科学地要资源呢？我讲个例子，你感受一下。

小牛是一家公司大客户招商团队的负责人。在市场部年度目标会议开完后的一周，他突然去找市场部副总裁要资源："老板，上周开会说的大客户招商目标，我达不成。我们现在只有几十个人，今年要招 1000 家客户，根本忙不过来。公司可不可以把目标降到 600 家？或者干脆拿出 500 万元给产品做促销？现在卖得太贵了，客户都不愿意和我们谈。"

你看，就这么一段话，小牛至少踩了 5 个雷。

第一，要资源的时机错了。开会的时候为什么不提目标太高、资源不够？开完会一周之后才突然来说，会让老板觉得小牛是在找借口，不想干活。

第二，要错了资源。小牛在目标上讨价还价——1000家招不到，那么和老板谈谈600家可不可以？最后也许老板让步了："大家折中一下，800家吧。"你看，什么事都没做，一下轻松了20%。其实，在职场上，和上级就目标讨价还价，是很不职业的一件事情，会给管理层留下你能力不够、不肯担当的负面印象。真正的高手，是把公司的注意力拉到资源上。小牛需要公司给到什么支持，才能更好地完成1000家的目标？比如，人手不够，是不是可以考虑增加编制？或者用客户管理软件来解决这个问题？

第三，没找对人。在增加编制、切换管理软件等事情上，市场部的老大都未必是最终预算的决策人，小牛光给自己老板施加压力是没有意义的。相反，他应该把老板拉到他这边，一起去找对的人或者部门。

第四，没给出利益点。你要的资源能换回什么呢？小牛张口就问公司要500万元做促销，花完这笔钱，能帮公司完成招商目标吗？

第五，没说怎么用。小牛要500万元做促销，具体用在什么地方？执行方案是什么？换位思考一下，谁会放心把钱放到一个像黑盒子的部门里？

在接下来的篇幅里，我将从什么时候要、要什么、向谁要、利益点、怎么用这几个方面来和你一一分享。

1.1 什么时候要

首先，什么时候适合要资源？根据我的经验，向公司要资源有三个最佳窗口期：一是你的战略计划初步完成时，二是任务布置下来的当场，三是项目阶段性复盘期。

第一个时机，战略计划初步完成时，你就要主动找上级争取资源。例如，你通过量化计算发现，哪怕把所有的绩效积木都完成，战略目标还是无法实现。这时候，你就要主动找上级反馈，而不是等执行了一半再说。如果中途再说，公司就算想给你调整预算，也没有足够的预备资金。

第二个时机，是任务布置下来的当场。特别是临时性的项目，老板一般会当场直接问你，对任务有没有什么问题。这个时候开口要资源，不会让上级认为你是在讨价还价。而如果当场说没问题，过后再说搞不定，则是职场大忌。

还是拿前面的小牛举例子。在上级布置任务的会议上，小牛就应该把丑话说在前面，直接提要资源的事儿。

但是，如果小牛在现场已经判断到资源不够，而他的上级又认为他要的资源不合理，没得商量，那么，小牛可以这样对老板说：

"老板，根据我的经验，以目前的资源，想实现目标是有难度的。既然公司已经定了这个大方向，那我就先执行，两周之后我们再来回顾一下进展，怎么样？"

你看，这样做，一来不会让上级以为小牛想推卸责任，二来可以把小牛带到第三个要资源的窗口期，也就是阶段性复盘期。接下来，在项目执行时，小牛要搜集足够的数据和资料，向公司证明的确资源不够。

记住，要资源不是一次性工作。如果项目开始时没有要到资源，你还可以在阶段性复盘的时候提出来。比如，小牛关注到招商员每天花在填报表上的时间超过三小时，严重影响了拜访客户的时间，这就是找公司要编制或者要求换管理系统的依据。

1.2 要什么

接下来，你得想清楚自己到底需要什么资源。在很多团队管理者眼里，只有资金才算资源。做品牌的就盯着投放预算，做销售的就盯着促销费，搞运营的就盯着付费流量预算。但我告诉你，团队管理者必须有资源整合的意识。你可以从财、物、人、事四个方面来寻找资源：

财，指直接用于业务发展的资金。
物，指发展业务用的赠品、提升工作效率的软件，等等。
人，指增加人员编制、提拔下属、物色大牛加入团队，等等。
事，指对项目的重要支持，如请管理层为你的项目站台做宣传，请外脑咨询公司给你的团队做管理咨询，等等。

我在带销售团队的时候，有一家超市客户，要我们给一个非常高的合同返点，但当时我们不能再向公司申请费用了。于是，我就盘了一下除钱以外的资源。我发现，那家超市每年都会在人才培养上花重金，但效果始终不好；而我们公司在培养人才方面是业界出了名的。于是，我向公司申请了"培训体系对外开放"这样一个隐性资源，去帮助客户培养他们的管理培训生。这个方案一下就打动了客户，帮我们拿下了当年的合同。

1.3 向谁要 & 利益点

想明白要什么之后，你得清楚资源该向谁要，以及如果要到了，你能给公司带来什么。

团队管理者要资源，不能只盯着拍板人，你面对的是全公司的资源所有者，这比单纯说服上级要复杂多了。

公司的资源所有者，分为 A、C、E 三个角色：

A 角色负责 Approve，拍板。
C 角色负责 Consult，给意见。
E 角色负责 Execute，执行。

相应地，你用来说服他们给资源的利益点也是不一样的。

举个例子。小牛打算向公司要 100 万元费用，采购一套客户管理软件。

最终拍板人 A 通常是 CEO。他不太关心小牛这个钱具体是怎么花的。他最关心的，是这 100 万元能给公司带来多少最终利润和销售额。这时候的小牛就相当于一个创业者，在向投资人要投资。每一笔投资都追求利益的最大化。所以，在要资源的时候，小牛一定要讲清楚资源能换回什么。

我总结了两套利益点的算法。第一种，开源节流。这种算法适用于有直接经济产出的部门，比如销售、供应链。你可以帮公司赚多少钱？省多少钱？都可以明确地算出具体金额。如果数字不是特别有说服力，你还可以从效益角度去说明这个方案的价值，类似投入产出比、人均产出等。比如，小牛买这套客户管理软件，能够缩短多少客户响应的时间？减少多少订单流失？从而帮公司带来多少利润？多久能收回投资？等等。

第二种，对标算法。这种算法适用于竞争对手信息比较透明的情况。也许你没办法说清楚可以带来多少好处，但你可以说清楚有什么坏处。比如，新增 200 万元促销费，也许说不清能否带来额外的生意增加，但竞争对手的促销力度已经到了这个程度，如果我们不追加投入，很可能连已有份额都会丢掉。

提醒你一下：**给公司利益点不要出单选题，而要出多选题**。不是你给资源我就做，不给我就不做。这是威胁。多选题应该是：老板，我有三套方案，分别是激进版、正常版和保守版。投入资源力度不同，取得结果的速度也不同，我们一起来选。这样跟公司一起商量着决定，肯定能提高你要资源的成功率。

不过，有时候 CEO 不清楚太多细节，会咨询财务总监和销售副总裁的意见。这时候，财务总监和副总裁就是 C 角色，意见人。

意见人的利益点是帮老板把关：你怎么证明你能兑现承诺？如果对你的方案存在异议，他们就会给出否定的意见。所以，在与拍板人面谈之前，你一定要先拿你的方案去说服意见人。

最后还有一个 E 角色，执行人。比如，有了这套客户管理软件，小牛还要联合技术、财务、客服等部门，一起落实到业务上。而这些部门并不关心这套软件能帮公司赚多少钱，只关心做起来会不会太麻烦。所以，在去找拍板人之前，需要先和执行人沟通方案的可执行程度。

我建议你在找他们沟通之后，把他们所有的利益诉求都写下来。然后拉上你的上级，请他针对这些诉求跟你一起完善方案。毕竟，如果能要来更多资源，对他整体业绩的完成也有好处。

1.4 怎么用

最后，还有一个问题你要弄明白：要到了资源该怎么用？作为团队管理者，你要的资源越多，公司给你的压力就越大。所以，你要给公司提交一份详细的资源使用说明书，其中需要回答以下三个问题：

第一，使用资源的节奏——是前期一次性投入，还是分批次？

第二，用什么监管机制能保证资源不被浪费？怎么防止腐败等暗箱操作？

第三，万一投入产出不理想，怎么止损？有没有调整机制或备选方案？

比如，小牛要到这套客户管理软件之后，就得成立一个项目组，从软件上线的第一天开始，每周向管理层汇报实施进展，以及对销售指标的达成有什么影响，确保公司的投入按计划带来相应的回报。

划重点

> 把握好"什么时候要""要什么""向谁要""利益点在哪儿"和"怎么用"这五个关键问题，形成一套科学、可执行的资源使用方案，可以为你冲业绩打好基础，帮助你实实在在地推进业务的发展。

管理动作打卡点

▼

下一次向上级申请资源时，请先填写表 2-1。

表2-1 资源申请自查表				
	财	物	人	事
什么时候要				
要什么				
向谁要				
利益点				
怎么用				

2

资源分配：如何分好资源，化解下属之间的冲突

不患寡而患不均。

———《论语》

下属在你面前互相"告状"，公说公有理，婆说婆有理，这是不少团队管理者都头疼的时刻。我刚做团队管理者的时候，在这个问题上就处理得非常不好。

当时，我负责的销售团队管理着全国 100 家门店的产品销售。我每个月都要经历一个特别痛苦的时刻——给负责这些门店的销售经理们分促销赠品。

生意大的门店的销售经理，自然认为要按照生意占比来分。比如，月销售额 10 万元的门店，拿到的促销赠品就应该是月销售额 5 万元的店的两倍。可生意小的门店的销售人员就不同意了，因为这样很容易形成恶性循环：大的店资源多，生意越做越大；小的店资源少，生意越做越小。所以他们更支持平均分配。比如说，有 100 万份赠品，100 家门店，那么就每家店分 1 万份。

但是，很快又有销售人员提出，促销赠品是我方销售和门店客户谈判的资源，所以在决定赠品如何分配时，不仅要考虑销售占比，还要考虑客户和我方的配合度等综合因素。

大店和小店的销售人员分别拿着方案来找我，让我进行仲裁。

而我当时的方式是和稀泥——你说的有道理，他说的也有道理，结果两边都不满意。后来，我又给团队安排了好几次沟通技巧、团队合作方面的培训。结果，培训时道理大家都懂，回到工作中，该吵还是吵。我甚至还尝试进行了一些岗位调整，申请把两个彼此关系特别好的团队成员调到我的部门。结果，到了这个位置上，这两个多年的朋友照样为了分赠品吵得不可开交。我只好看谁吵得凶，就多给谁一些赠品。我的精力就这样在团队无止境的争吵中被消磨殆尽。

你发现了吗？团队内部出现分歧，根源不在于沟通技巧、团队合作，更不在于所谓的性格不合，而在于资源分配不合理。团队成员在你面前争吵是一个非常危险的信号，说明你的分配机制出现了严重的问题。如果不从根本上解决这个问题，就很有可能导致团队更大的分裂，最终甚至导致员工离职。

那么，该怎么化解团队成员之间的分歧呢？我摸索出了一套有效的"分歧化解机制"，总结起来就是：一个原则、一套标准和一个第三方仲裁机构。

2.1 基于规则管理，而非基于关系管理

所谓一个原则，是指应该基于规则管理，而非基于关系管理。

每个人都不容易。如果没有基于规则管理这个共识，只谈感情，团队管理者就会永无宁日。比如，今天你觉得小红的团队很辛苦，天天加班，应该多给一些资源，明天小黄就会跑来和你说："老板你看，我们刚刚被客户不讲道理地批了一顿，你也得多给我一些资源。"

所以，在分赠品这件事情上，我后来就把团队所有骨干召集到一起，谈了我的想法。

我说："我们必须制订一套分赠品的规则。以前我基本上是靠感觉和经验来分，大家都不满意。而且，你们也把精力大量消耗在了要赠品上。这个问题，我需要检讨。"

对于每次分赠品都要吵架这事儿，团队成员们也苦不堪言，我算是说到大家心坎里去了。于是，我们很快就达成了共识：我们要制订一套资源分配的规则，一旦规则确定了，大家都要遵守，不要再来找我说情。

2.2 用量化标准解决纠纷

我们制订的规则，就是用量化的标准来解决纠纷。在遇到分资源的难题时，你可以把你认为重要的所有分配要素都列出来，然后分别赋上权重，再进行打分，就可以直接算出分配结果了（见表2-2）。这种方法又叫权重算法。

我们可以看到，权重算法有3个关键点：要素、权重和打分。

以前面的赠品分配案例为例，销售额当然是最直接的要素，但是在促销时，客户给我们多少海报、多少促销堆头，以及公司最关心的新品陈列、货架份额等，也是我的参考依据。所以，我列出了5个要素。这里要说明一下，要素一般控制在10个以内。如果要素太多，就意味着每个都不重要；如果要素太少，也就没必要用这种方法了。

接下来是权重。这些要素当中又有主要的和次要的。比如，销售额肯定是最主要的参考要素，所以我给了它50%的权重。其

表2-2　资源分配权重算法

	要素1		要素2		要素3		该门店最终得分
得分依据							
权重							
	评价	加权得分	评价	加权得分	评价	加权得分	
门店1							
门店2							
门店3							
……							

他的要素则以此类推，分别赋予10%—40%不等的权重。一般来说，最高的权重不超过50%。如果一个要素所占的权重达到60%—70%，其实也就没必要考虑其他要素了。

接下来我要给每一个要素打分。对于销售额这种本身就是数字的要素，可以直接把它换算成每家店的销售额占比。比如，某家店的销售额占100家店总销售额的1%，那么这家店在销售额这个要素上的得分就可以算1分。1分×50%的权重，最终得分就是0.5分。

对于本身不是数字的要素，则需要换算一下再进行量化。比如，客户给我们的促销区域，位置可以分为好、中、差三档，那就可以分别对应 2 分、1 分和 0 分。假设促销区域这个要素的权重是 30%，那么，一个中档位置的促销区域最终得分就是 1 分 ×30%，也就是 0.3 分。

以此类推，把所有要素最终的分数加起来，就可以得到各家店的赠品分配系数。而这个系数就是赠品分配的决策依据（见表 2-3）。

表2-3 赠品分配权重算法

	销量		促销区域		……		该门店最终得分
得分依据	占总销量比重 ×10		好-2分 中-1分 差-0分		……		
权重	30%		20%		……		
	占比	加权得分	评价	加权得分	评价	加权得分	
门店1	1%	0.3	中	0.2	……	……	0.8
门店2							
门店3							
……							

一旦这个系数定下来，那么在接下来的一个季度或者半年的时间里，就不要去调整它。这就是游戏规则，大家要按照规则来玩。不过，如果下属们对系数有不同意见，你可以每个季度或者半年开放一次窗口，请大家在会议上充分发表意见，并对异议较多的系数进行调整。

权重算法不仅可以用于帮助销售部门分配促销赠品，在管理咨询实践中，还可以帮助一些公司的商务拓展部给潜在待开发客户打分，帮助人力资源部建立管理层选拔的机制，等等，都非常好用。

当然，如果你在标准和原则上没办法说服你的下属或者利益相关方，那么，我建议你去寻求上级的帮助。同时，也请相信一点，世界上没有绝对公平的分配机制，相对公平就好，不行可以再改。

2.3　引入第三方仲裁机构

团队成员发生分歧时，其实还有一个解决的好办法，那就是找一个和你们团队没有利益冲突，同时还能提供标准量化数据的第三方，请他们作为仲裁员。

比如，回到赠品分配的那个例子，我当时就请了财务的同事来帮我提供原始数据并计算分数。类似的角色还有 HRBP（人力资源业务伙伴）、销售运营部门等，他们自己并不参与利益分配，所以可能会是非常公正的第三方。

如果你的管理工作相对复杂，分配资源时所牵涉的面比较广，我建议你甚至可以成立一个仲裁委员会，把利益相关方的决策人都拉进来，从而避免每个相关人员都跑来和你说一次他的诉求。比如，你是公司财务，要分配明年的公司预算，那么，你就可以牵头成立预算委员会。你是HR，要考核公司的管理人员，就可以牵头成立人才管理委员会。

当然，我必须提醒你：不光要找仲裁人，还要有仲裁制度。比如，如果对资源分配的结果不认可，要在多长时间之内提起仲裁？最终决定一旦做出，是不是就会无条件生效？这些细节都要考虑清楚，否则团队还是会陷入无止境的争议当中。

划重点

1. 一个原则：你应该基于规则管理，而不是基于关系管理。

2. 一套标准：要用量化的标准来解决资源分配上的纠纷。

3. 第三方仲裁机构既可以提供数据支持，也可以帮助解决争端。

管理动作打卡点

▼

为你接下来的一次资源分配设计一套量化的分配标准。

二、流程

1

持续优化：如何提高现有流程的效率

工欲善其事，必先利其器。

——《论语》

1.1 团队管理者要有"效率思维"

我辅导过一家公司创意团队的负责人 M 总。他的团队有 5 名成员，每天需要从数百条社会热点中选出 4 条，以此为创意产出文案，最终交给市场部做宣传材料。4 条文案听起来不多，做起来可不容易。整个团队要工作 12 个小时以上才能完成。而且，每天都要重复同样的过程，团队的所有人都特别累。尤其是 M 总，基本每天都是十几个小时连轴转，苦不堪言。

下属小 T 给他提意见：大家都超负荷运作，这样下去肯定不行，能不能加几个人？M 总听取了小 T 的建议，新招了 5 名员工。结果，人多了，产出却没有增加，因为 M 总没精力带他们。几个月之后，不光新人陆续都走了，团队原有成员也有流失。

为什么会这样呢？总结下来，M 总至少犯了三个典型的错误：

第一，问题描述错了。M总想提高团队效率，但效率低只是表面现象，他没把根本问题想清楚。

第二，找错了解决方案。还没找到病因就决定加人，结果人员流失更严重。

第三，行动的时候节奏错了。想一步到位，而不是逐步迭代，上来就加了5个人，没给自己留出调整的余地。

在我看来，团队管理者必须具备"效率思维"，也就是通过不断提升团队的效率来达成业务目标。如果工作效率低，团队带起来就会越来越吃力，就好比电脑开了太多的网页，速度必然越来越慢。对于提升员工的工作产出，优化流程是一个成本低且见效快的解决方案。

1.2　流程优化三步走

流程优化可以分以下三步进行：第一步，把问题描述清楚；第二步，对流程进行结构化拆解；第三步，从最小可行性单元（MVP）做起。

当时，我拿出一张A4纸，按照这三个步骤，带着M总做了一次流程优化。

第一步，把问题描述清楚。我请M总根据SMART法则清晰地描述自己的目标，并把它写在A4纸的正面。我们前面讲过，SMART法则要求目标要具体、可测量、可达成、和任务有相关性，并且要有完成的时间。这一步的目的，是帮助团队管理者想清楚，到底要解决流程中的什么问题。

过程篇

M 总最开始写的是"我希望提高团队工作效率"。我用 SMART 法则帮他进行了调整：什么叫效率？怎么评价效率有没有提高？要在多长时间内提高？

下一版，他改成了"希望在 3 个月内，把目前带领团队每天产出 4 条创意文案的时间，从 12 小时减少到 8 小时"。所谓效率低，就是指产出同样的东西花的时间多。有了时间限制，一下子就把抽象的"效率"变成了具体的目标：从 12 小时到 8 小时，而且是在 3 个月内——与他现在的困境高度相关，同时既可达成，也可以测量。

我又请他做了一个补充，那就是写下"约束条件"。这是很多团队管理者在描述问题时常会忽略的一个细节，很容易"按下葫芦浮起瓢"。比如，效率提升了，成本却增加了；或者成本控制住了，却违反法律法规了。M 总思考了一下，说："我的约束条件是，4 条创意文案的用户转化率不能下降。"也就是说，时间缩短了，但质量不能下降。

有了这个目标作为指引，就可以进行第二步了，对流程做结构化拆解。我请 M 总把工作流程的所有步骤都写下来，然后写出每个步骤所需要的时间和资源，最后再看哪些环节可以优化。M 总在那张 A4 纸上画了一个表格（见表 2-4）。

看到这张表，我马上就发现了三个问题：

第一，耗时最长的步骤之一是第五个步骤，"创意变文案"，要花费 4 小时。而这个步骤在难易程度上其实是最简单的。那就完全可以把它授权给团队，培养他们独立出文案的能力。

第二，M 总现在带着两组人在做事，一组人专门负责找热点，另一组人专门负责写文案。在创意变文案这一步，两组人光是交流想法就要花费 2 小时。而且，这样分工看似术业有专攻，其实会导

表2-4　M总创意文案流程

工作内容	参与人员	耗时	难易	改进思路
热点信息搜集	-M总 -资讯组	4小时	难	2小时
讨论会确定选题	-M总 -资讯组	0.5小时	难	-
热点变创意	-M总 -资讯组	0.5小时	难	-
市场部定备选创意	-M总 -市场部	2小时	难	-
创意变文案	-M总 -文案组	4小时	易	2小时
文案过审	-M总	1小时	难	-
文案上线	-M总	-	-	-
总时长	-	12小时	-	8小时

致负责找热点的人没办法获得有效的用户反馈，反而削弱了他们对热点的敏感度。结果，"热点信息搜集"也成了耗时最长的步骤，要花费 4 小时。

第三，M 总无处不在。所有的环节都有他，导致他反而成了团队进度的瓶颈。一旦他不在，某个流程就走不下去。比如，有一个环节是他和市场部开会确定备选创意。这 2 小时里面，团队的其他人基本都在空转，得等他开完会才能进行接下来的工作。

就这几个问题，我建议 M 总拿出有针对性的改进行动计划：

第一，培养团队创意变文案的能力，M 总自己抽身出来，做带新人、建系统等能够增加组织能力的工作。

第二，培养团队一条龙的工作能力：从"热点信息搜集"到"热点变创意""创意变文案"，一组人从头跟到尾，既可以省掉两组之间交流想法的那 2 小时，也可以提高热点信息搜集的质量。

第三，在 M 总和市场部确认备选创意的那 2 小时里面，团队别闲着，继续搜集信息，为明天的创意储备素材。这样，第二天的热点信息搜集就不需要 4 小时，而只需要 2 小时就够了。

这样一算，纸面上的时间就已经可以从 12 小时降到 8 小时了。

那么，咱们的任务是不是完成了？M 总现在可以大刀阔斧地去干了吗？

且慢，团队管理者要意识到，0 和 1 之间，还有 0.1、0.5、0.8，不要急着一步到位。

所以我们开始了第三步，在 A4 纸的最下方，写下了"最小可行性单元"几个字。

最小可行性单元这个概念，是埃里克·莱斯在《精益创业》这本书里提出的。他的本意，是指创业者不要急着一步到位，非得把产品设计到完美才推出来，而是可以先用一个最小可行性单元来跑通流程，收到市场反馈之后再进行迭代。

管理上同样如此，不要追求一步到位。因为如果没有完整地跑过一次，很多问题就不会暴露出来。于是，M 总抽调了一个 6 人小团队，作为这次变革的最小可行性单元，完整地跑了一遍从"热点信息搜集"到"热点变创意""创意变文案"的过程。其他人则暂时不做变动。

一个月后，他高兴地告诉我，这个 6 人团队已经可以做到 9 小时内产出文案了。虽然与终极目标 8 小时还有一点差距，但是这一个月以来，几乎每周的工作时间都在缩短，也梳理出了非常多的细节，萃取了不少优秀员工的经验，方便其他团队成员未来少走弯路，所以这个方向是正确的。

华为的一位老师跟我分享过一个观点："**管理的本质，就是一个去艺术化的过程**。"艺术，靠的是艺术家的灵感，很难复制和推广，所以艺术品非常昂贵。而现代企业要的就是大规模复制。所以，**管理不能靠灵感，而要基于步骤、数字和事实，借助流程和制度这样的手段，实现"工程化"**。有了好的流程，就可以把优秀员工的个体经验快速复制，变成整个团队的能力；有了好的流程，就可以持续改善绩效结果。这正是为什么华为在 1998 年转型的时候，第一件事就是向 IBM 学产品开发流程。

划重点

流程优化可以分以下三步进行：

第一步，把问题描述清楚；

第二步，对流程进行结构化拆解；

第三步，从最小可行性单元做起。

管理动作打卡点

▼

和你的团队一起，优化工作中的一个流程。

2

流程清单：如何管理高频琐事

清单从来都不是大而全的操作手册，而是理性选择后的思维工具。抓取关键，不仅是基准绩效的保证，更是高绩效的保证。

——《清单革命》[1]

2.1 清单缺失导致绩效低下

你有没有想过，以下 4 种绩效低下、管理低效的问题，可能都是"流程清单"这个管理动作的缺失导致的？

第一，团队加班越来越严重，造成极大浪费；
第二，客户投诉率高，签约率低；
第三，员工经验无法复制；
第四，跨部门、跨团队沟通成本极大。

让我们对这些问题逐个进行分析。

1　[美] 阿图·葛文德：《清单革命》，王佳艺译，浙江人民出版社 2012 年版。

首先，由于没有标准的工作流程，员工会花大量时间重复劳动，或者做没有必要、不产生价值的工作。例如，一支电商运营团队，每到活动之前，都得由员工自己重新去想要做哪些准备，那么，随着业务规模的扩大，花在这种重复劳动上的时间必然增加。这不仅对员工的时间是一种浪费，还会造成物资、金钱上的浪费。如果能把活动运营封装进一个标准流程里，每次遇到同样的问题，就可以调用流程步骤去解决。

其次，由于工作流程不对，没有从客户的需求中来，员工做了很多"感动自己"的工作。例如，一个业务员，没有去分析客户需求就强行推销自己的方案；一位招聘经理，没有搞明白用人单位到底需要什么样的人才，就把自己手上的候选人强塞给对方；等等。这必然导致内外部客户满意度下降。而一个好的流程，则是从客户的需求出发，到客户的需求被满足结束，"端到端"，而不是"段到段"。

再次，由于流程没有变成标准步骤清单，导致员工经验无法复制。比如，有经验的销售会说，做好销售工作要以客户为中心，至于如何以客户为中心，他就不知该从何说起了。团队管理者只好开设一些所谓"服务意识""客户满意度"之类的"务虚"的课程，员工的成长变成了低效率的"自我领悟"。如果有标准化流程指引，复制人才就变成了复制流程。通过建立"需求如何挖掘""客户关系如何建立""客户反对意见如何处理"等问题的步骤清单，没有经验的员工只要按部就班，就可以快速达到平均水平。

最后，由于没有流程清单作为讨论基点，跨部门合作就变成了"踢皮球大赛"。如果每个员工或团队都以自己的KPI为出发点，那么很多问题就是不可能解决的。比如，销售经理希望客户增加进货量，而财务经理则从应收账款过高的角度停掉了销售部的订单。管理大师、流程再造之父哈默有这样一个观点：**好的组织合作，能够打破原有的职能界限，以产出为核心，而不是以单个任务为核心。** 如果有了流程，讨论类似的问题时就有章可循了。

不过我要提醒你，我这里说的流程，并不是战略管理流程、产品开发流程这种大词，也不是报销流程、现金管理流程那种管控类制度。本书讨论的，是帮助员工完成任务、体现在动作层面的清单化的小流程。

比如，我在辅导一家企业的销售团队时，就遇到过这样一个有趣的课题：如何邀请客户帮忙转介绍？

有的员工会直接说："麻烦您帮忙转介绍，谢谢。"客户通常会客气地回答："回头一定。"但十有八九没有下文。而更多的员工，则压根就没有邀请客户转介绍的意识。

在调研的过程中，我们发现有一个团队的转介绍率是全国第一，询问之后发现，原来这个团队的管理者要求员工每次都按照下面这份清单（见表2-5）进行转介绍工作的准备。

这样一张看似不起眼，却可以显著帮助员工完成业绩任务的清单，正是团队管理者要重点关注和开发的。因为无论目标也好，策略也罢，都离员工太遥远了；而一张解决日常工作中高频出现的小困难、小任务的清单，则能够对他们的效率和工作结果起到立竿见影的作用。

表2-5 转介绍准备清单

动作步骤	执行标准（或打钩确认完成）
1　了解该客户有哪些转介绍的可能性	查看客户的朋友圈，针对私人人脉进行关联 按客户所在集团内部企业进行关联 按客户所处供应链上下游进行关联
2　请客户点对点与目标被转介人建联	帮客户编辑好转介绍文字 邀请客户当场拉群或致电 如果客户拒绝，坚持邀请三次才放弃
3　向客户了解被转介人基本信息	
4　24小时内与被转介人建联	
5　无论转介绍是否成功，都要在一周内感谢客户并给其反馈	

2.2　细、准、熟、练，开发一份清单

作为管理者，你需要重新审视自己团队的高频任务，思考是否可以开发出类似的清单进行过程管理。最常见也最简单的一份清单，至少应该包含两个要素：动作步骤和执行标准（或打钩确

认完成)(见表 2-6)。如果有些步骤比较复杂,那就需要在清单上列出执行标准;而不太复杂的步骤,则只需要确认完成,进行勾选即可。

表2-6 过程管理清单

动作步骤	执行标准（或打钩确认完成）
1	
2	
3	
4	

不过,清单具体是什么样子,并不是问题的关键——比形式重要的是清单的内容。**想开发一份好用的清单,我的经验是一句四字口诀:细、准、熟、练。**

口诀的第一个字是"细"。你需要把员工的工作细化到任务,再在任务的基础上,细化成一份份动作清单,而不要想着用一个工具一次性解决所有问题。比如,与其写一本 20 万字的《如何成为一名好店长》让员工去背,不如细化成"店长开业前需要准备的 10 件事清单""店长招聘店员面试清单""店长周会准备清单"等一份份任务导向的清单。遇到具体任务时,员工只需要找到相应的清单即可。

这些清单的内容，是直接告知员工完成某项具体任务的步骤——先做什么，后做什么。作为业务熟手，你也许意识不到清晰的步骤对新员工的指导意义。我至今记得让我印象最深的一份清单——"客户拜访8步骤"。

刚参加工作时，想到明天要去拜访客户，我就感觉"两眼一抹黑"，无从下手。于是，我的上级就和我分享了看似非常简单、实则极其有效的8个步骤：分析客户、准备资料、开场破冰、了解需求、匹配方案、处理异议、收场总结、复盘执行。不需要具体展开介绍，只是看到这8个词，我就大概清楚了客户拜访的关键动作，心里一下就有底了。

口诀的第二个字是"准"。你需要准确定义每个关键动作怎样才算做到位，最好的办法是用数字指标量化，不然就会出现"鸡同鸭讲"的情况。例如，有家企业的选品清单是这样的：

一看产品力，二看品牌力，三看生产力……

那么，怎么定义"产品力"呢？这就见仁见智了。有的采购经理觉得自己喜欢就叫有产品力，有的则认为应该看消费者的口碑。最终，虽然大家是在按照清单工作，但实际上还是各做各的。

如果能够给出数字指标，抽象的概念就容易理解了。例如，动作步骤是"产品力看NPS（净推荐值）"，那么执行标准就可以写成"高于50的品种才引入"。

能够量化的，就用数字定义；实在不能量化的，也应该尽量明确。例如，我帮一个商务团队设计过一份客户拜访准备清单，关于出门带什么东西这个步骤，我们就分别从礼品（送客户的）、样品（我方产品小样）、赠品（活动时给终端消费者的促销品）、物品（名片、充电宝、宣传手册等）等角度进行了明确的分类定义。

口诀的第三个字是"熟"。你需要萃取熟手的经验和知识。同样的动作，即使清单上列出了具体步骤，熟手和新手做起来，效果依然有可能截然不同。新手如果缺少经验和知识的提前输入，工作中就常常会陷入"卡顿"——也就是步骤和步骤之间走不下去了，头脑一片空白。所以，别以为有了清单，员工就会自动化生产，你还需要把他们应知应会的信息补上。

我刚从事大客户管理工作时，有一家客户的采购负责人对我赞不绝口。他说，我在拜访他时所表现出的对快消品的了解，完全不像一个刚走出校园的大学生——我总是能快速地接过他的话题，并给出自己的观点。这让他非常好奇。其实，秘密很简单：公司给我们准备了关于所有品类的关键知识，从目标人群定位到品类发展趋势，从核心竞争格局到货架表现。我要做的就是把它们背熟，这样见到客户自然就可以平等对话了。

清单口诀的最后一个字是"练"。定义出了细化的步骤和标准，也有了应知应会的知识，是不是就可以把清单束之高阁，等团队业绩自动提升？当然不是。要想真正将动作标准化，你还必须让团队成员们经常练习、运用。

我建议你发起一些清单操作挑战赛，比一比团队的精度、速度，或者针对应知应会的知识、经验搞一些知识竞赛，用有趣的形式让团队成员们接受清单的内容。同时，你还要在日常工作中时不时地抽检大家对于清单的使用心得，倾听改进意见。只有这样，这个工具才能更好地在你的团队里落地生根。

划重点

1. 开发清单，要细化到动作步骤。
2. 清单的每个动作步骤，要有标准。
3. 开发清单时要萃取熟手的经验，给新手输入应知应会的知识。
4. 想让清单真正发挥作用，要采取有趣的方式让团队练习、运用。

管理动作打卡点

▼

找一个团队成员最常遇到的任务，按照"细、准、熟、练"这个口诀做一份清单。

三、绩效

1
绩效管理：如何设定合理的KPI

你考核什么，就会得到什么。

——职场谚语

在多年来对企业管理体系搭建的辅导中，我发现团队管理者容易有一种心态：能不搞绩效考核就不搞，如果公司实在有硬性要求，那能拖就拖，拖到最后一周或者最后一天，再把团队成员的绩效结果提报给公司。

我其实很能理解这种心态，毕竟谁也不想"当坏人"：考核绩效，就必然有好有坏。我要是给谁打了低分，那以后就没法跟他见面了。还不如和气生财，不考核绩效，整个团队都皆大欢喜。

促使我转变这种心态的契机，是一个下属在离职时给我发了几百字的短信。他说，过去一年他过得非常痛苦，客户不理解他，我也没有给他足够的帮助，实在熬不下去了。

我大吃一惊。他过去一年状态不好，我一直看在眼里，但一来我没有意识到问题这么严重，二来我也不想批评他，因此没有和他沟通过绩效表现。相反，在我的上级过问他的表现时，我还一味地帮他说话，说他还有上升空间、再给他几次机会。最后他绩效一塌糊涂，拖累整个团队任务没有完成，现在又一走了之，反倒来指责我？

但是冷静下来之后，我意识到，我之所以会这样考虑问题，本质上是因为缺乏相对科学、公平的绩效管理机制。他的低绩效表现是个客观事实，我却认为是我主观上给他的绩效打了低分，因此不愿意和他沟通。这就相当于我站在了他的对立面，而不是和他一起正视问题，寻找解决方案，最终导致事情到了无法收拾的地步，说什么都晚了。

从此以后，每加入一个新团队，我都一定会先把绩效考核的客观标准公之于众，同时还会建立起有效的绩效反馈、沟通机制——**绩效是下属的客观表现**，**而非上级的主观看法**。对于绩效管理来说，最重要的一个抓手就是做好考核。上级要做的，一是选择合适的绩效考核工具，相对客观地评价下属的表现；二是在考核之后帮助下属看到他的表现，并实现有效的提升。

1.1　选择合适的绩效考核工具

在选择考核绩效的工具时，不少团队管理者都会纠结：到底是选 OKR（目标与关键成果法），还是选 KPI？用 KPI 会不会限制员工的创造力？

选错考核工具，后果会很严重。我见过企业用代码行数来考核程序员的，显然，这是不合理的——一个编程简洁、bug 少的程序员，难道不比一个编程行数多但质量差的程序员表现好吗？很多研发、技术团队，甚至不会限定员工什么时候上下班，每天做了什么工作，考核周期往往是季度甚至年。但对销售团队，就不能一年一考核了，往往要细化到周，而且不但要抓结果达成，还要抓过程指标，甚至连拜访了多少次客户都要考核。

那么，究竟该怎么选择绩效考核工具呢？这背后的逻辑是：**考核绩效，要结合该岗位的工作特点。**

表2-7 适合不同岗位的绩效考核工具

	创新业务	成熟业务
长期主义	OKR	相对KPI，过程指标为主
结果导向	项目制加权法	绝对KPI，结果指标为主

表2-7列出了一些适合不同岗位的绩效考核工具。如果你的团队做的是创新业务，公司没有历史数据，也不知道该如何制订合理的量化目标，并且，你们的企业文化是长期主义的，可以将考察员工的周期拉长到一年甚至更久，那么，我建议你使用OKR。OKR的O是Objectives，也就是目标。KR是Key Results，也就是关键的成果。你可以在任务周期开始时，让团队成员自己提报要实现的目标，以及为了实现这一目标需要达成哪些关键成果；然后在任务周期结束时依照KR的达成情况对成员们进行排名，作为评价他们表现的参考。从严格意义上说，OKR是目标管理工具，而不是绩效考核工具。所以，有些团队用关键成果的完成值除以目标值得到的达成率，只会导致员工在创新目标制订上缩手缩脚，作为员工评价依据是不合适的。

如果你的团队做的是创新业务，而你们的企业文化是结果导向的，那么，我建议你尝试项目制加权法，依据员工在每个创新项目中的贡献值去衡量其表现。比如，我对我的咨询团队是这样管理的：由于每个咨询项目都不一样，而且每个人都会出现在不同的项目中，所以，我把每个项目的所有子项目都列到一张 Excel 表格里，然后按照子项目的重要性进行权重分配。同时，由于每个人在不同子项目中的贡献度是不一样的，我再对他们在每个子项目中的贡献进行百分制的分数分配，他们的加权得分就是用项目权重乘以贡献得分（见表 2-8）。

有了这个表格，在评价某员工的表现时，我就可以直接使用其加权总分。比如，在这个项目中，王五得了 51 分，高于张三的 41 分和李四的 8 分。多个项目的分数累加，就是一名员工的总得分。

如果你的团队从事的是成熟的业务，有历史数据作为考察员工表现的参考依据，那么，用传统的 KPI 来进行绩效考核就很合适了。KPI 是 Key Performance Indicator 的缩写，也就是关键绩效指标。它要求你通过考核关键指标来对员工绩效进行衡量。考核周期一开始，你就要"约法三章"，告诉团队你的期望是什么。

KPI 考核又分两种情况。第一种情况，你们的企业文化是结果导向的，你团队的工作特性也要求每月甚至每周、每天都能看到结果，比如电话销售、商务拓展等，那就适合直接用 KPI 的达成率作为评估员工表现的依据。而且要尽可能多使用结果指标，例如销售金额、客户签约数等，如果完成率高于 100% 就是绩优，反之就是绩差。

第二种情况，你的企业奉行的是长期主义文化，愿意从更长久的时间维度去评价一个员工，那么可以试着使用"相对 KPI"这个

表2-8 我团队的某项目加权法考核表

项目	权重	张三 贡献得分	张三 加权得分	李四 贡献得分	李四 加权得分	王五 贡献得分	王五 加权得分
子项目1	30%	50分	15分	0分	0分	50分	15分
子项目2	20%	30分	6分	40分	8分	30分	6分
子项目3	30%	0分	0分	0分	0分	100分	30分
子项目4	20%	100分	20分	0分	0分	0分	0分
加权总分			41分		8分		51分

概念。也就是说，员工的表现，并非和他的 KPI 达成率直接挂钩，而是先转化成分数，再进行相对排名。这样做有两个好处。首先，这把大环境的影响给剔除掉了——哪怕今年大家都没有达成 KPI，但依然可以排出个位次。比如，某个权重为 30% 的 KPI 达成率为 90%，那么得分为 0.27 分；另一个权重为 10% 的 KPI 达成率为 120%，那么得分为 0.12 分，以此类推。最终，有的人得分是 0.5，有的人得分是 0.7。你就可以据此对团队的所有成员进行排名，排名前 20% 的为优秀，后 10% 的为极差。其次，这也给团队传递了长期主义的文化——员工不用担心因为一时没有完成某个 KPI 而得不到公司的认可。

1.2 设定合理的考核指标

如果选择用 KPI 来考核绩效，到底设定几个指标才合适呢？

我辅导过一个电商团队，在看了客服总监给团队设定的 13 个 KPI 指标之后，我问他："不看电脑，你能告诉我这 13 个指标分别是什么吗？"结果他回忆了半天，只说出了 7 个。顾名思义，KPI 强调的是"Key（关键）"指标。你不能把所有指标都拿出来考核，那就失去了考核的意义。

我的经验是，**管理者在给团队设定 KPI 指标时，将数量控制在 6 个以内是比较合理的**。在做定量测量时，有一种心理学上的说法：对于 15% 以上的差距，人们比较容易注意到。而 100% 如果平分为 6 份，正好每份都大于 15%。

举个例子。甲团队的 KPI 有 6 个指标，1 号员工达成了 5 个（达成率 83%），2 号员工达成了 4 个（达成率 67%），他们的业绩差了 16%。这个差距一目了然，是比较明显的。而乙团队的 KPI 有 13 个指标，1 号员工达成了 12 个（达成率 92%），2 号员工达成了 11 个（达成率 85%），两者差距仅有 7%，看上去就不是特别明显了。

当然，把指标控制在 6 个以内，并不意味着每个指标的权重都必须是 15%，需要根据实际情况分出轻重缓急，有的权重比 15% 高，有的比 15% 低。一般来说，最低的权重也不要低于 10%，否则就没有考核这个指标的必要了。

关于如何设定合理的 KPI 指标，我有一套口诀："**资深员工重结果，初级员工重过程；兼顾多快和好省，调节权重来达成。**"

"资深员工重结果，初级员工重过程"，是指资深员工和初级员工的考核点是不同的，不能给他们设定相同的考核指标。经验丰富、熟悉流程的资深员工，不太需要你过多的指导，你给出目标，他们就应该给你交付结果，所以你要用结果指标去考核他们。而对于能力、经验都欠缺的初级员工，如果也拿结果指标去考核他们，就有点强人所难了。

拿招聘这个工作来说，初级员工作为职场新人，还没有足够的辨别候选人的能力，这个时候，你就要多用过程指标去考核他们。比如，筛选出多少高质量的简历，给候选人打了多少电话，安排了多少场面试，等等。这样才能保证最终招聘目标的达成。而对于资深员工，你只要关注他的最终招聘结果就可以了。当然，在做考核结果排名的时候，你应该把初级员工和资深员工分开，单独比较他们的 KPI 得分，这样会相对公平。

"兼顾多快和好省"，是指设定 KPI 指标时不能过分偏激，既要有数量指标，还要有质量指标，这样可以避免团队的文化变得急功近利。

我们仍然以招聘为例。在考核招聘团队的绩效时，最简单的指标就是"多"，比如入职人数要多。但光人数多就够了吗？人招到了，有没有及时把岗位空缺补上呢？这就要考核"按期到岗率"，也就是"快"这个指标。

"好"这个指标也很重要：你招聘的标准是不是足够高？牛人占入职人数的比例是多少？这是对质量的要求。最后还有"省"：招聘预算控制得好不好？中低端员工是不是也在用昂贵的猎头进行招聘？

"多快好省"是指标设定的四个重要维度，需要平衡设计、综合考虑，否则很容易导致员工动作变形。

我辅导过的一个地推团队，本来的 KPI 指标只有一个：招商数。也就是商家越"多"越好。结果，团队的各个小组长立刻招兵买马，靠堆一线地推人员的方式，把招商数做上去了，但是公司的用工成本就完全没法看了。后来，我利用"多快好省"这个法则，给该团队增加了一个指标作为平衡：地推人员工资包不能超出预算。也就是"省"。这样做的好处在于，除了避免人浮于事，还给团队指出了解决问题的方向——必须提高人均产出和效率。很快，团队调整了方向，最终顺利完成了公司的任务。

不过，**在绝大多数情况下，"多快好省"很难兼顾。我的建议是，最多保两个**。如果你什么都要，最终可能什么都要不到。同样以招聘为例，如果我们要求员工快速实现招聘目标，一般而言，使用猎头是最快的，那么显然成本就很难控制住。所以，在考核员工的时候，不要求全责备。

表 2-9 是适用于资深员工的几种代表性"多快好省"指标设定

表2-9 "多快好省"指标设定方案

部分代表性团队/部门	指标(资深员工)
人力资源部(招聘团队)	月入职人数(多) 按期到岗率(快) 大牛占比(好) 通过试用期率(好) 招聘预算(省)
电商运营部	月销售额(多) 新品上架速度(快) 月利润额(好) 预算控制率(省)
财务部	现金投资回报率(多) 账期(快) 业绩预估准确率(好) 税负下降比率(省)
市场部	市场占有率(多) 品牌知名度(多) 新品上市速度(快) 净推荐值(好) 推广费用占净销售额比(省)

方案，供你参考。

最后，"调节权重来达成"，是指几个指标要有侧重，可以用设置权重的方法来体现工作重点。

以某电商运营团队为例，在设定其 KPI 指标时，总经理提出，今年的工作重点是抢市场份额。所以，"销售额"这个指标权重应该是最高的，可以占 30%；其他指标如利润额、退货率、客单价，各占 20%；转化率排最后，占 10%（见表 2-10）。

设定销售额完成率 90% 到 100% 算 1 分、80% 到 90% 算 0.8 分、110% 到 120% 算 1.2 分，那么，该员工完成了 950 万元销售额，完成率 95%，对应系数为 1，则获得 1×95%=0.95 分。以此类推（注意：表 2-10 中为了简单起见，给所有指标完成情况设定了同样的系数档次，但在现实中，不同的指标对应的系数可以不一样。此外，一般来说，为了拉大差距，完成率好的指标会在系数上进行加速，比如完成率 115% 这里给了 1.2 分；反之亦然，要进行减速）。这样，不同分数和不同权重进行平均加权，就可以得到每个员工的分数了。

这样做有三个好处：第一，可以突出你想考核的关键指标；第二，把不同维度的指标换算成了统一的尺度，用数字说话，可以让所有的团队成员都服气；第三，哪怕团队成员的具体 KPI 不同，也可以对他们进行业绩排名。

无论是绝对 KPI 还是相对 KPI，你都可以引入"权重"这个概念。

在这套口诀之外，你还要设定"红线"，员工一旦发生违规行为，绩效直接清零。团队管理者很容易以业绩为唯一导向，忽视数据造假、损害客户利益以求业绩数字好看等违规行为。哪些行为是

表2-10 加权KPI考核法

		KPI指标				红线指标
	销售额	利润额	退货率	客单价	转化率	客户投诉率
权重	30%	20%	20%	20%	10%	无
具体执行目标	1000万元	100万元	6%	40元	2%	1%
实际结果	950万元	70万元	6%	48元	2%	0.5%
评估系数	达成率＜80%，系数为0.6 80%≤达成率＜90%，系数为0.8 90%≤达成率＜110%，系数为1 110%≤达成率＜120% 系数为1.2 120%≤达成率 系数为1.4					高于1%则绩效清零
实际得分	0.95	0.42	1	1.44	1	无
加权分数	0.285	0.084	0.2	0.288	0.1	无
总分	0.957					

不能容忍的，也要在公布 KPI 时向团队讲清楚。

划重点

1. 选对考核方式很重要：同样做创新业务，长期主义的企业文化下，建议用 OKR；结果导向的企业文化下，建议用项目制加权。成熟业务优先选择 KPI 考核，长期主义的团队可以选相对 KPI，结果导向的团队可以选绝对 KPI。

2. 设定 KPI 指标时，要兼顾"多快好省"中的两个，用权重进行平衡。

管理动作打卡点

▼

利用本节的口诀，对你的绩效考核方案进行一次优化。

2

绩效改善：如何帮助员工持续提升绩效

> 宁可十年不将军，不可一日不拱卒。
>
> ——管理谚语

绩效提升通常有两种方式：一种是渐进式，通过改进日常工作过程逐步提升；另一种是突变式，通过攻克某些难关取得一次性进展。

一次性提升固然是好事，但通常可遇而不可求。员工的绩效，往往是在点点滴滴的日常工作过程中不断提升并加以巩固的。优秀的企业，都擅长在日常工作中抓绩效提升，也就是所谓的"宁可十年不将军，不可一日不拱卒"。团队管理者要摒弃"毕其功于一役"的机会主义倾向，找到提升绩效的有效路径。

我至今还记得，大学毕业后，我加入一家500强快消品公司，第一项工作是到超市量洗发水、沐浴露货架的长度。如果低于公司的标准陈列要求，我就要去和超市谈判，争取更多的货架支持。

我一开始觉得这事挺形式主义的，但很快就被上了一堂影响我整个职业生涯的课：我的直属上级来我所在的城市视察工作，刚跟我见面就掏出卷尺，一五一十地对比起货架与陈列要求之间的差距，并给我提出了下阶段的改进建议。下一个月，我上级的上级来视察，同样从量货架开始，并且翻出上次的改进建议，对照是否进行了有效落实。直到一年后,有位全球业务负责人来我负责的超市,仍然做了同样的一套动作。

他们谁都没有和我谈什么高大上的企业战略、经营哲学。但正是凭借这种"卷尺精神",这家公司旗下的各大品牌在快消品的红海厮杀中始终占据着半壁江山。

我后来辅导过其他很多快消品牌,发现不少团队都停留在"终端陈列生动化""做好零售阵地管理"这种大而空的口号阶段。他们也许一时踩对了某个风口,业绩提升很快,但是一旦风口过去,很快就在残酷的市场拼杀中败下阵来。究其原因,正是团队管理者忽视了日常的过程管理和绩效改善。

2.1　4P 工作法助力绩效提升

有一次,某仓库管理团队的负责人大东向我抱怨,团队绩效差,仓库损耗特别高,员工也不努力。我应邀连续出席了一周他们的每日早会,发现他们是这么开会的:先是每位经理轮流讲自己所在仓库昨天的问题,比如货品堆太高产生了挤压,或者产品标签贴错了被运输部门退回。然后团队负责人大东训话,用 10 分钟的时间讲质量管理的重要性,要求大家注意生产安全。然后就散会了。我当时瞥了经理们的笔记本一眼,发现大家都洋洋洒洒地记了一整页。

我不客气地对大东指出,这种开会方式是典型的"假努力"。参会人看似发现了不少问题,实际上都在推卸责任,并没打算真的向这些低绩效表现宣战。

首先,所有的问题指向的都是"昨天如何如何"的短期事件,没有人从一个月的角度去思考提升重点是什么、指标是多少。

其次，前天、大前天提出的问题解决了吗？进展如何？完全没有人提，就像没发生过一样。甚至周一提出的某个问题，周四又犯了一次，周五汇报的时候又拿出来说。

再次，经理们汇报时只说现象，不分析原因。货品为什么会堆那么高？是操作人员不知道有货品陈列规范，还是明知道规范却不采纳？还是说其实高度符合公司要求，但由于太重，依然压坏了底层的货品？同样，标签为什么会贴错？是哪个环节出了问题？是看错了商品，还是拿错了标签？需要公司什么支持？

最后，下一步行动计划缺失。谁，在哪个时间点，要改进到什么程度，没有明确的安排。

归纳起来，绩效提升有四个方面需要注意：

一、绩效提升要有阶段性的重点，并且要用具体数字衡量，不能"狗熊掰苞米，吃一个扔一个"；

二、绩效提升要时刻与目标进行对比，让团队看到差距；

三、绩效提升要透过现象看本质，不能浮于表面；

四、绩效提升要落实到行动计划上。

基于此，我总结了一个 4P 工作法，可以帮助管理者快速在日常工作中找到团队绩效提升的过程抓手。所谓 4P，分别是**重点**（Priority）、**进展**（Progress）、**问题**（Problem）**和计划**（Plan）。

首先是重点（Priority）。团队想提升绩效，背后要做的工作林林总总，如果不确定重点，很容易出现 A 团队往东走、B 团队往西走的情况，资源使用分散，下属各自为战。确定了工作重点，大家劲儿往一处使，会更容易出结果。注意，重点不要多，最好在3个以内。只要把重点的工作做好，团队有了信心，以点带面，就能够让绩效全面提升。

大东的仓管团队确实问题不少——损耗大、发货准确率低、安全生产措施缺乏、团队士气低落，等等。但是，想一口气全部解决，以团队当时的能力是办不到的，很容易按下葫芦浮起瓢。在我的建议下，团队选择了"降低损耗"作为下季度的工作重点，目标是每个月降低0.5%，因为降低损耗这件事价值大，见效又快。每次开早会、周会、月会时，大家群策群力，只解决这一个问题。最终，一个季度结束后，不但损耗下降了3%，远远高于1.5%的目标，而且由于形成了良好的工作习惯，团队其他绩效指标，如发货准确率等，居然也得到了大幅提升。

既然有了重点，那么，对于重点工作进展（Progress）的回顾就显得特别重要。

团队管理者可以在工作现场设立"绩效过程看板"，把KPI完成进度可视化地呈现在所有人面前。这样一来，对于绩效落后的团队，压力传递会非常明显，从而避免绩效完成情况在考核周期的最后一天"开盲盒"，给你一个惊吓。

同时，在下属汇报进展时，团队管理者要注意询问他们有什么经验和教训。不是只要完成了绩效目标就万事大吉，也不是只要绩效目标没有完成就一无是处。无论绩效结果如何，过程中取得的经验和教训，都是可以帮助团队思考和改进的。

大东将各仓库的损耗率做成了一张日报表，每天早会时自动推送到公司管理群，红色表示低于平均值，绿色表示高于平均值。以前损耗指标没达成，最多是每个考核周期最后一天看报表时，经理们才会关注一下。现在自欺欺人是不行了，所有部门的团队管理者都盯着这些数字，团队的压力和动力一下子就提高了一大截。

工作出了问题，不是简单粗暴地批评责任人就能解决。要想提升绩效，还应该从现象深入到背后的本质问题（Problem）——到底根因在哪儿？需要哪些资源和帮助？

要回答这两个问题，我非常推荐 Why-Why-How 分析法。和传统的 Why-Why 分析法不同，我加上了 How，除了问为什么，还要问需要哪些帮助。通过连续追问找出真正的绩效卡点，并且找到解决方案。

下面是我辅导大东进行的一次 Why-Why-How 分析诊断对话，针对的是某仓库的损耗率。

大东：为什么昨天芒果的损耗率特别高？（Why）

经理：因为有名员工在摆放芒果箱时堆得太高了，压坏了下面的。

大东：为什么他堆得那么高？（Why）

经理：因为他不知道堆放的高度标准。

大东：为什么他不知道堆放的标准？（Why）

经理：因为他是新来的，没人给他培训过。

大东：为什么新来的没培训过就可以上岗？（Why）

经理：因为我们没有员工上岗考试。

大东：那你需要公司或者我怎么帮你？（How）

经理：人力资源部能不能协助我们出一个新员工上岗前的考试认证环节？

以前遇到这种问题，大东基本问到是员工操作失误就结束了，最多扣员工 50 块钱绩效工资。没有人从制度上、流程上深挖问题到底出在哪里。

通过这次分析诊断对话，团队从员工上岗考试认证流程这个角度，完善了关于损耗率的一个低绩效点。将来团队还可以举一反三，围绕其他需要认证的内容，批量、高效地提升其他绩效指标。

表 2-11 列出了一些常见的根因分析维度。团队管理者在分析相关问题时，就可以沿着这些方向，采用上述的追问法，探究问题的根本原因。

表2-11 常见根因分析维度

质量	人（人员）、机（机器）、料（原料）、法（方法）、环（环境）
项目管理	成本、时间、项目范围
营销管理 4P理论	地点（Place）、促销（Promotion）、价格（Price）、产品（Product）
电商运营 AIPL模型	曝光（Awareness）、种草（Interest）、购买（Purchase）、复购（Loyalty）
电商GROW模型	渗透力（Gain）、复购力（Retain）、价格力（bOOst）、新品力（Widen）
组织分析"杨三角"理论[1]	员工能力、员工意愿、员工治理制度

---

1 由管理专家杨国安提出的组织能力培养理论。

比如，你团队的新员工离职率高，不能简单地说是因为他们工资太低了。这个问题的根因，可以从员工意愿、员工能力和员工治理制度三个维度进行分析。员工意愿层面，你需要去思考是不是新员工的直接上级给他们的正面表扬不及时、负面批评太多；员工能力层面，你需要去判断是不是没有给新员工提供足够的培训或工具，导致他们无法胜任工作；员工治理制度层面，你需要反思是不是薪酬不够有竞争力、晋升通道不够通畅，等等。

最后，再好的分析，也要落实到行动计划（Plan）上。需要细化到谁、什么时间、完成哪些动作，然后写到会议纪要里。

以上文提到的员工上岗考试缺失为例。以往大东团队发现类似的问题，通常的做法是经理写一封邮件，发给人力资源部，至于人力资源部是否重视这件事，有没有着手解决，就没人知道了。现在大东改变了这种踢皮球的做法，在绩效改善计划中写下了两个跟进动作：

一、本月 21 日下班前，与人力资源部一起优化"操作员工上岗认证流程"。责任人：大东。

二、本月 31 日下班前，出一套操作规范试卷供人力资源部参考，每周一早会时汇报进展。责任人：张经理。

4P 工作法不仅可以用在早会上，还可以用在周会、月会上，甚至日报、周报和月报的场景中。无论用在哪里，其本质都是相同的——通过日常工作过程的一点点改变，对最终的长期绩效结果进行持续提升。这些看似微小的动作，累积起来产生的复利效应是巨大的。

2.2 利用阶段性绩效反馈提升绩效

有一类团队管理者，眼看着下属表现总是达不到预期，却从来不和对方沟通，到了年底实在拖不下去，才给下属一个"绩差"的反馈。这种情况下，下属大概率是不服气的。我常开玩笑说，这就好比平时不体检，突然拿到一份"死亡通知书"，谁也不乐意。

正确的做法，是阶段性地给下属做"体检"，出"体检报告"。短则一个月，长则一个季度，你就应该和下属做一次沟通，让他们了解自己的绩效表现是否达到你的预期，有问题及时暴露出来，而不是拖到年底才盖棺定论。

绩效反馈可以分六个步骤展开：准备、开场、自评、反馈、期望、支持。

第一个步骤是反馈前的准备工作。你需要收集下属的绩效资料，确定谈话的时间，选择一个不受干扰的谈话地点。下属则需要对自己上一阶段的绩效进行回顾和自我评估。同时，如果下属在绩效达成上有困难或需要支持，你也应当鼓励他提前列出要提的问题或需要的资源。

第二个步骤，正式谈话的时候，需要有一个营造融洽氛围的开场。你可以和下属简单寒暄几句，然后介绍一下此次谈话的目的、所需的时间等。不太建议你和下属隔着桌子相对而坐，这样会给人一种谈判的感觉。比较合适的座位安排是双方坐在桌子一个角的两侧，这样一方面可以降低谈判感，另一方面也便于双方一起查看某些资料并进行交流。

第三个步骤是自评。你可以先让下属自我评价上一阶段的工作完成情况和能力提升情况。建议你备好笔和纸，对不确定的或自评和你的评价有出入的地方做好记录，便于下个步骤的讨论。

第四个步骤是反馈。建议你先肯定下属取得的成绩，再指出他可以提升的地方。注意，要基于事实说话，而不是简单地给他贴个标签。例如，财务部的某个员工在上一个季度出现了四次录错账的情况。作为团队管理者，你只需要把你了解到的事实说出来，然后进行就事论事的探讨，而不是给对方贴个标签，上来就说他"马虎大意"，这很容易导致谈话变成争执。

第五个步骤同样非常关键，你要清晰地给下属提出下一个考核周期的绩效期望。它包含下属的改进计划、下一阶段的目标、阶段性的成果等。

最后一个步骤是与下属探讨他所需要的支持和帮助。这里要注意，如果你不确定能否提供某些支持和帮助，那就不要过度承诺。可以先把它们放到你的待办事项里，等确认后再给下属答复。请记录好谈话内容，在双方确认后存档。

如果你是管理者的管理者，也就是说，你的下属有两级甚至更多，那么，与每个人都进行沟通显然是不现实的。我的建议是，对于你的直接汇报对象，你需要一对一进行反馈；而对于你的间接汇报对象，则可以由其直接上级主持绩效反馈，而你则用旁听的身份参加。如果间接汇报对象的人数实在太多，那你可以重点关注绩效前 20% 和最后 10% 的员工。

划重点

1. 绩效提升可以采用 4P 工作法帮你找到过程抓手。4P 即重点（Priority）、进展（Progress）、问题（Problem）、计划（Plan）。

2. 绩效反馈可以分为六个步骤：准备、开场、自评、反馈、期望、支持。

管理动作打卡点

▼

与你的一位下属按照绩效反馈六步法做一次绩效沟通。

3

绩效突破：如何把握带队冲锋的节奏

喊破嗓子，不如做出样子。

——管理谚语

虽然大部分企业的绩效都是在日常工作过程中渐进式提升的，但是团队如果过于依赖平时的改进，就很容易陷入一种极端状态：对于困难项目、艰巨任务出现畏难情绪。在这种情况下，团队管理者的价值就体现在带领团队打胜仗，使绩效取得突破式的提高，同时锻炼队伍，提升士气。

不过，不少团队管理者在亲自带队打仗这件事上，常常会感到困惑：我该介入多少？我亲力亲为，会不会让下属感觉我在越俎代庖？万一我也搞不定，会不会在团队面前丢面子？我冲锋在前，下属都无动于衷怎么办？

事实上，团队管理者需要做的是带队冲锋，而不是自己冲锋。这种突破式绩效改进，一年控制在 3—4 次就可以，一旦做好了，可以极大地提振士气。

这里有个小窍门：你要学会"挑软柿子捏"。如果你和团队的能力足够，那么当然可以选择公司级别的项目进行攻关；但如果你和团队能力有限，我建议你先选一些部门级的小课题，确保胜利是最关键的。

不管大项目还是小课题，要想真正带领团队打好一场攻坚战，节奏是关键。只有控制好节奏，才能有效地调动队伍，整合资源。一般而言，我会把这样的大战分为三个阶段：**预热期、备战期和冲锋期**。

3.1　预热期

由于距离正式开打还早，这一时期的挑战，主要在于其他部门对你的事情完全不上心，下属也不知道该做什么。等到正式开打的时候，很容易一下子手忙脚乱。

作为团队管理者，在预热阶段，你需要开三个会把大家调动起来，它们分别是**项目立项会、全员宣讲会和培训会**。

首先看项目立项会。

你需要通过项目立项会来搞清楚这场大战的目标到底是什么，不同部门有怎样的 KPI 需求、能够投入什么资源。

像"双十一"大促这样的活动，最迟也要提前两个月就把利益相关方召集起来开这个会，让各方在会上把各自的目标和能够投入的预算讲清楚、列出来。比如，物流部会给商品部提要求："销售额要翻一番，但库存总量的增加不能超过 90%。"这意味着商品部必须卖出更多高客单价的产品。反过来，商品部则对物流部提出："'双十一'前后两周不能出现爆仓。"

大家都把丑话说在前面，反而能够降低沟通成本。如果可能的话，我甚至建议你把这些目标和需求当场打印出来，让利益相关方签字确认。

在项目立项会之后，我建议你趁热打铁开一个全员宣讲会。

你需要在这个会上向公司全员宣讲这场大战的目标和重要性。宣讲时重点要讲透三个为什么：

一、为什么对公司重要？
二、为什么对团队重要？
三、为什么对每个员工重要？

除此之外，你还需要进一步说明项目的具体开展计划。可以使用甘特图等项目管理工具向团队展示项目的全貌。

宣讲会结束之后，你需要乘胜追击，立刻给相关部门或团队召开培训会。举个例子。对于"销量要比去年翻一番"这个指标，技术部下面负责运维的同事可能没什么具体的概念，那你就要和他一起换算：网站的峰值流量可能会是去年的 4 倍，我们的服务器是否经得住这么大的并发？我们的网站会不会崩溃？有没有做过压力测试？等等。

培训会的目的，是帮助你把目标拆解到各个部门或项目团队的头上。

3.2 备战期

上述几个会开完之后，各个项目团队就要开始向前推进，为大战做准备了，也就是进入了备战期。这时候，除了见招拆招地进行项目管理，你还要让项目团队及时切换，进入战时状态。

我观察到的情况是，很多即将打仗的部门，还在像平时那样按部就班地工作。

阿里巴巴很爱用一个词，"闻味道"，我觉得特别贴切。之前去一家技术公司做咨询时，一进去，我就觉得"味道不对"。下周就要发布公司级的新产品迭代了，办公室里却完全感觉不到。大家像平时一样，到了下班时间就走人。遇到要讨论的事，负责人想召集大家开个会，结果稀稀拉拉就来了几个人。

一点紧迫感都没有，怎么可能打好仗呢？

要想把紧迫氛围营造出来，我给你三个法宝：作战室、军令状和目标看板。

为什么要设立作战室呢？

要知道，这种公司级别的战役，往往需要临时从各个部门抽调员工。如果没有作战室，大战即将来临的时候，这些员工很容易就会被各自的部门老大叫去干其他活。而有了作战室就不一样。它可以是一间大会议室，甚至可以是办公区的一个角落。各个部门被抽调的员工，可以临时统一坐在这里，接受你的直接指挥。

此外，这些员工还可以在作战室共同商讨项目进度。如果某个部门进度出了问题，可以立即安排来自该部门的项目组成员去监督落地，实现沟通成本最低、沟通效率最高。

有了作战室，你还需要立军令状。

所谓立军令状，就是项目组全体成员一起就项目达成进行宣誓。这是一个非常有仪式感的动作：一方面，可以让每个项目组成员都非常清楚自己的职责和目标；另一方面，也可以激发大家的斗志。当然，军令状不一定非要搞成惩罚型的，有趣的、搞怪的对赌模式可能效果更好。

我立过一张难忘的"军令状"：目标是 1 小时卖空 200 万盒牛奶。如果团队达成这个挑战，董事长就当众亲吻一头奶牛。最后，团队在 51 分钟内达成了这个挑战，董事长也开心地兑现了承诺，和一头名叫"萌萌"的奶牛热吻了 1 分钟。

再说目标看板。这个法宝的字面意思，是把战役的目标做成看板贴在墙上。等到大仗真正打响的时候，这个看板还要发挥检测进度的作用——你可以把不同团队的进度在看板上标出来，给落后的团队施加压力。

不过这还不够。作为这场战役的总指挥，你需要把氛围渲染到极致。比如，我会把目标设计成图片，印到大家的 T 恤上，贴在每个人的桌子上，下载到大家的手机和电脑上当屏保。总之，要让目标无处不在，深入人心。

我见过的最狠的目标看板，是一个开发区的招商局，居然把各个团队的招商进度在当地最大的都市报上登了出来。这种使命必达的气势，让我们这些做企业的都自叹不如。

3.3 冲锋期

大战终于来了。各项目团队都已进入状态，准备冲锋。**冲锋期需要注意的事情有三件：开门红、小高潮和尖刀连。**

开门红，是指尽量把容易搞定的小项目放在前面，不要让团队一上来就碰个壁。如果刚开始就遇到挫折，很容易士气低落，造成恶性循环。比如，招商团队可以先对接关系好、体量大的客户；运营团队可以先给吸引流量、好出业绩的品类做促销。

小高潮，是指在战役的整个进程中，每次达成重要的整数目标，都要大肆宣传一下。这样可以持续鼓舞士气。比如，单品销售额突破 1000 万元，单品排行达到品类第三，等等，都是合适的宣传时机。事实上，前文提到的董事长亲牛事件，就是周年庆期间的一个小高潮。"1 小时内卖空 200 万盒牛奶"，宣传起来不仅对外赚足了噱头，对内也极大地提升了斗志。

尖刀连，是指在打大仗的过程中，一定会出现一些难啃的硬骨头，这时，团队管理者就需要率领最精锐的小分队冲在最前方，不惜一切代价，帮团队把这些难啃的骨头啃掉。

我在做生鲜电商创业的时候，就遇到过这样一次挑战。

当时，我们计划在年底之前新增 50 家门店，面临的最大挑战，是招聘门店的店长和员工。毕竟，这是一家初创企业，没有人才积累，也没有什么名气。

招聘团队叫苦连天，说根本没有人投简历。于是，我就亲自带着几位招聘经理，骑着小电驴，采用刷街的笨办法，挨家水果店去抄门口的店长联系方式，然后给他们打电话，问他们对 O2O（线上到线下）业务感不感兴趣，最终居然招到了足够 80 家门店用的人。最难的这一关搞定，供应链、采购等其他部门，也就不好意思把自己遇到的困难拿出来说了。

当然，大战结束后，复盘也非常重要。你需要把大战中暴露的问题、收获的经验、得到的教训总结出来，变成标准动作，运用到日常的过程改善中，在这里就不赘述了。

划重点

1.带队冲锋,节奏很重要,可分为三个阶段:预热期、备战期和冲锋期。

2.冲锋期需要注意的事情有三件:开门红、小高潮和尖刀连。

管理动作打卡点

▼

选一个重点项目,成立关键项目小组,开一次项目立项会。

能力篇

很多团队管理者自己做业务的时候如鱼得水，一旦变成管理者就会开始纳闷：明明我半小时就可以完成的工作，为什么怎么教下属都教不会？于是，有些团队管理者就干脆选择自己干了。但长此以往，自己累得够呛，团队的能力又得不到提升，团队整体绩效也难以达标。

团队管理者一定要学会通过他人拿结果、通过团队拿结果，而不是自己直接上手做——这是管理高手与业务骨干最大的区别。如何提升团队能力，是管理者的一门必修课。在能力篇，我将从增量、存量和质量三个方面，帮助你提高团队的整体产出。

在我看来，团队的能力提升有三条主要途径。

首先是招聘，做好"增量"。为什么把招聘放在第一位呢？一方面，如果人都招错了，那就算再怎么培训也没用。另一方面，如果现有的整个团队都不具备某些能力，那引进外部高手就是必选项。当然，高手引进之后，还要通过一系列管理动作，让他更好地空降成功。

在"招聘"这个模块，我将首先介绍"招聘面试"环节应该怎么做，帮你确保看人不走眼；然后通过"牛人引进"环节，教你吸引真正的高手加入；最后在"新人引领"环节，告诉你如何帮助新人快速适应新环境。

其次是培训，做好"存量"。培训可远远不是课堂上课那么简单。我会先通过"组织培训"帮助你找到到底要培训什么、选用哪些培训方式进行批量的员工辅导；再通过"辅导反馈"解决一对一的辅导问题；最后通过"教练技术"，解决员工能力提升了但信心还没到位的问题。

最后是提升"质量"，培养高质量的管理型下属分担你的压力。我会先介绍考核与"人才考察"的区别，回答为什么管理层选拔不能只看绩效这个问题，然后介绍如何搭建"人才梯队"、如何盘活人才，从而选拔出高质量的接班人。

一、做好增量

1
招聘面试：如何避免看人走眼

种瓜得瓜，种豆得豆。

——谚语

不少团队管理者都存在这样的困惑：新招了一个员工，明明面试时说有相关经验，等进了公司上手工作，怎么就不行了？

有位部门主管就问过我，自己看中的人，面试的时候说得头头是道，履历也很光鲜亮丽，但是招进来之后，根本出不了业绩，到底是哪个环节出了问题呢？

我问他，你是不是这么面试的：头10分钟让候选人自我介绍，接下来15分钟，你根据简历上你感兴趣的点问候选人，你做过这个事吗？对方说做过，然后简单说了下过程。你再问，假设你来我们公司，遇到这种或者那种情况你会怎么做？对方回答得还不错。听到候选人说他有经验也有能力，你就放心了，觉得这个人可以用。最后5分钟，你可能会问对方有哪些兴趣爱好，如果回答符合你的预期，面试就结束了。

这位部门主管很惊讶：你怎么知道的？这样面试有什么问题吗？

在我看来，这样面试，貌似该问的都问到了，但实际上非常容易被面试者套路。原因有三个：

第一，没有标准，想到哪儿问到哪儿。

第二，只问经验，不追问细节和证据，无法深挖出能力。在上家公司有相关的经验，并不代表他到了你这儿就有做好这件事情的能力。之前的成功有可能是靠他上司帮忙，也有可能是团队一起努力的结果，但是被他美化成了他一个人的业绩。

第三，总用所谓的"经典面试题"，比如"说一下你最喜欢的运动"。很多面试官认为，如果候选人不喜欢团队型的运动，就可以推断他不具备团队合作能力。且不说这个逻辑是不是真的成立，就算成立，候选人也完全可以提前准备一个你想听到的答案来套路你。

1.1 行为面试法

究竟该怎么通过面试来识别候选人是否具备某方面的能力呢？我给你介绍一种方法——行为面试法。我用这个方法面试过近千名候选人，也用它帮不少企业搭建了高效的招聘流程。

为什么行为面试法能做到看人准？因为这种方法要求讲证据。候选人即使能把一件事讲清楚，也不代表这件事是他干的。要证明自己的能力，就要落实到行为的细节和证据上。如果没有真实的能力，候选人就算提前准备好了逐字稿，也很难招架住临场大量细节的追问。

举个例子。怎么证明一个人有很强的学习能力？名校毕业？那可能只是因为他会考试。但如果他能够讲出一个细节丰富的案例，比如，一位行政采购候选人，详细介绍了自己如何通过自学谈判技巧，把办公用品的采购成本降低了 20%，那这就是他有学习能力的证据。

具体怎么使用行为面试法呢？我来带你走一遍流程。

整场行为面试一般控制在 1 小时。它包括 4 个步骤：**开场、提问、追问、收尾**。表 3-1 是一套完整的行为面试流程，你可以在面试时参考。

在行为面试中，最重要的是提问和追问两个环节。开场和收尾这两个环节的主要作用则是管理候选人的体验，不承担能力考察的职能。

开场一般涉及的是第一印象，这是感性判断，跟能力关系不大。所以，这个环节的目标主要是让候选人放松，以免他因为紧张发挥失常，导致公司错失人才。在这个环节，你可以先介绍自己的身份，让对方熟悉你，然后由候选人进行自我介绍。这里有个小技巧：如果对方说话卡壳了，你可以请他喝一口水。

至于收尾，是候选人向面试官提问的环节，目标主要是仪式化地给对方留下一个好印象。在这个环节，你只要礼貌地回答候选人提的问题就可以了。如果不确定答案，比如未来的薪资、待遇等问题，可以交给 HR 去回答，或者等你了解清楚之后再进行转达。

表3-1 行为面试流程（1小时）

用时	环节	问题清单	面试话术	记录细节
3—5分钟	开场	双方自我介绍	你好，我是公司负责××团队的×××，很高兴能够邀请你来我们公司交流。接下来1小时左右的时间，我会问你一些问题，主要是为了了解一下你的情况。那么，首先请你做一个3分钟的自我介绍吧。	
45分钟	提问	请候选人分享成功案例	好，请举一个你在××方面的成功案例。	
	追问	了解背景	你团队当时有多少人？	
			你汇报给谁？	
			你们公司在行业的地位是怎样的？	
			你的下属平均工作年限是多久？	
			你们团队过往的业绩水平是怎样的？	
		了解任务难度系数	你上级当时给你设置了什么目标？	
			你是怎么分解这个目标的？	
			这个目标是什么水平的？	
			要完成这个目标，难点在哪里？	

续表

用时	环节	问题清单	面试话术	记录细节
			阻碍你出业绩的难点是什么？	
			你获得了哪些上级的支持？	
		了解任务行动细节	你当时是怎么想的？	
			你搜集了什么信息？	
			你当时是怎么做的？	
			你寻求了谁的帮助？	
			计划和执行出现了偏差，你是如何调整的？	
			你当时是怎么和兄弟部门配合的？	
			在执行过程中有没有出现分歧？你是怎么说服他人的？	
		了解过往业绩评价	你最终取得了什么成绩？	
			你上级当时是如何评价你的？	
			你觉得自己做得好的地方和不足之处有哪些？	
			如果重来一次，如何做得更好？	
10分钟	收尾	解答问题	你还有什么想问我的吗？	
			关于我们公司，你还有什么想了解的吗？	
			关于我个人，你有什么想了解的吗？	

1.2 提问、追问，深挖细节

究竟应该如何通过行为面试法来考察候选人的能力呢？提问是关键。我给你一个提问的万能句式：

请举一个你在某个关键任务上的成功案例。

假设我要帮某电商公司招一个运营经理，而我知道，运营最关键的几大任务是流量运营、活动运营和店铺管理，那我会这么问：

请举一个你在开拓流量新渠道方面的成功案例。
请举一个你成功策划并执行过的运营活动案例。
请举一个你通过优化店铺页面带来转化率提升的成功案例。

发现了吗？这类提问有两个特点：第一，要求对方举例子。这样，即使他在面试前知道了你的问题也没关系，因为不同的人一定有不同的答案。第二，举的例子得是成功案例。因为提问的目的，是希望通过候选人做成事情的行为过程，来判断他未来能不能继续成功。如果让他介绍失败案例，就达不到这个效果了。

不过，成功案例只能代表他在这方面有相关的知识和经验，还不能证明他有办成这件事的能力。能力是可迁移的，而知识和经验换个平台有可能就没用了。

举个例子。有位运营候选人拥有丰富的流量获取经验，但沟通能力很差。他原来所在的公司系统比较完善，其他同事沟通能力强，就弥补了他不善沟通的缺点。但是，如果你们公司没有这种条件，那他在你这里就很有可能出不了业绩。

还有一种情况：有些候选人能做不会说，你一问成功案例，他不知道该从哪里说起。这样一来，你可能就会错失他。

那么，该怎么挖掘候选人的真实能力呢？这就要用到面试的第三步了——追问。在这个环节，你可以使用 STAR 提问法，它可以帮你不重复、不遗漏地扫描候选人。

STAR 是四个英文单词的缩写：

S：Situation——背景
T：Task——任务目标
A：Action——行动
R：Result——结果

当对方开始举例回答的时候，你就可以从这四个方面进行追问了。

首先是 Situation——背景类问题。比如，一位运营候选人要介绍去年"双十一"他带领团队打翻身仗的案例。你就可以追问背景，先把时间、人物、事件等基本信息搞清楚：你的准备时间有多久？你当时团队有多少人？你汇报给谁？谁汇报给你？

这类问题用于获取最基本的信息，可以帮你判断接下来他说的案例是否真实。

然后是 Task——任务类问题。如果是我，我会这么问：你当时接到了什么样的增长目标？你们行业的平均增长率是多少？

这类问题主要帮助你判断任务的难度系数。我刚从传统零售业进入互联网行业时，面试员工就因为不了解难度系数而失手过。候选人说，我接到的任务是活动销量翻倍，我一听，"不错呀"。但要知道，那时候互联网行业的年平均增长率是300%—400%，那他说的翻倍就显得低了。

了解完任务的难度系数，接下来就是追问Action——行动类问题。

一般来说，要考察什么，你就追问什么。招聘基层员工时，我一般会从"怎么想、怎么做、怎么与人合作"这三个角度进行追问。

问"怎么想"，考察的是分析能力，看候选人在遇到困难时，是怎么发现问题、解决问题的；问"怎么做"，考察的是计划执行能力，看候选人在接到一个任务时，是怎么拆解目标工作计划、调整迭代做执行的；问"怎么与人合作"，考察的则是沟通、说服能力。

我面试过一个候选人，问她"怎么想、怎么做"时，回答都让我很满意。但是，当我问她"怎么与人合作"的时候，她居然说不出一个像样的细节。当时我想，她工作才三四年，确实和别人合作的机会少，就放她进来了。结果，很快我就发现，她的个性就是喜欢独来独往，而我们团队的文化则是相互支持。很遗憾，因为没法跟团队协作，最后她没有通过试用期。

在追问行动的时候，我还经常遇到这样一类候选人——明明是他上级的想法，他却会说："我们是这么想的。"这时候，我就得想办法把"我"和"我们"剥离开。我会追问他："你当时为什么这么想？""你的上级当时和你想法一样吗？""你和上级之间出现分歧时，你是如何处理的？"等等。这样，就能把他从上级的光环中切割出来，单独考察。

追问完行动，就来到了最后一步，追问结果，Result，也就是业绩问题。

你可以问："你都取得了哪些成绩？""你认为自己做得好的地方有哪些？不足之处有哪些？"等等。这类问题都可以帮助你，看候选人在出业绩的时候是如何思考问题的。

我面试过一位 HR 候选人，其他部分都让我很满意，唯一纠结的是，我发现她所有的案例都有个共同点——她特别强势，总是她如何说服老板、说服同事，很少听到别人如何说服她。我就追问道：请你总结一下自己的优缺点吧。她非常清醒地说出了自己过于强势这个问题，而且还提到在过去的一年，她特意做了哪些工作来让自己学会倾听他人的意见，并取得了不错的结果。这个回答一下打动了我。事实也证明，招进来之后，她在新岗位上完全克服了这个缺点，取得了不错的业绩。

需要强调的是，"魔鬼藏在细节中"。**一般面试时间都在 45 分钟到 1 小时，我建议你围绕着候选人介绍的 1—2 个关键案例进行追问，而不是让对方举五六个例子，每个只考察几分钟。**问得越细，越能看出候选人的优点和缺点。

在面试中适当给候选人一些压力也是必要的。如果你明显感觉求职者是在背答案，那么适当地打断他的思路，跳过他目前正在"背"的细节，都可以让他更容易"原形毕露"。当然，如果整场面试结束之后，你还是吃不准候选人到底合不合适，有没有撒谎，那么，你还可以请 HR 或者你自己再做一下候选人的背景调查。

划重点

一场有效的行为面试包括 4 个步骤：开场、提问、追问、收尾。在提问环节，你可以让候选人举 1—2 个成功案例，然后进行追问。追问可以从背景、目标、行动和业绩 4 个方面展开。

管理动作打卡点

▼

和你的人力资源部同事一起，设计一份标准化的面试清单。

2

牛人引进：如何吸引比自己优秀的高手

一个篱笆三个桩，一个好汉三个帮。

——谚语

团队管理者要招下属，不能总盯着比自己弱的，这样团队很难大步向前。要知道，如果一个团队的管理者就是团队的天花板，那么，管理者认知和能力的局限，就会限制团队的发展。

对于这个问题，亚马逊有一个非常好的制度设计。亚马逊在招聘新人的环节安排了"抬杆者"制度。所谓"抬杆者"，原意是指跳高比赛中把杆子抬高的工作人员。在用人这件事上，**亚马逊希望，每位新来的同事，至少要有一点比团队现有平均水平高。这样，公司的组织能力才会越来越强**。作为管理者，你不能满足于管理比自己弱的下属，而要敢于吸引、招揽优秀的员工加入你的团队，帮你捅破团队业绩的天花板。

你可能会想：真招来比我牛的人，会不会抢我的饭碗啊？

大可不必有这种担心。一方面，你的关键任务是带领团队打胜仗。要是不能尽快拿出几个公司级的胜利，不管有没有牛人加持，你的管理位置都危险。牛人来了，反而正好能够帮你在关键环节做突破。另一方面，我这里说的牛人，往往是在技术或者业务上能够独当一面，但管理上未必比你更强的员工。所以，客观上他一时半会儿也取代不了你。

那怎么才能招来牛人呢？该去哪里找牛人？如果候选人比自己还优秀，又该如何吸引他们加入团队呢？

如果你所在的公司是世界 500 强企业，可能好办。对中小企业来说，可就没那么容易了。我自己创业时，团队第一次招聘，让招聘经理在网上贴了招聘需求。结果一个月下来，就来了两个人面试，而且完全不是我需要的类型。好容易看中了一个，结果人家又看不上我。

后来，我明白了一个道理：**招牛人，不是招聘经理的事，而是管理者自己的事**。我建议你放弃守株待兔，主动出击。

我们可以用一个简化的公式来描述招聘这件事：

$$招到的人数 = 来面试的人数 \times 面试通过率 \times 接受 offer(录用通知)率$$

要想成功招到牛人，你需要从调整等号右边的几个变量入手。其中的面试通过率，我不建议你去变动——不能因为人难招就放弃高标准。那么，如何让更多的人来面试，如何让合适的人选在面试通过后接受你的 offer，就是你重点要攻克的难题。

2.1 如何扩大面试基数

除了公司的招聘经理之外，你还可以多多利用其他招聘方式。我比较建议的包括以下几种：

第一种，内部推荐。

在人力资源领域有一个共识：与网站收简历、打陌生电话等传统招聘方式相比，内部推荐的成功率更高。我建议你发动你的团队，积极地向你推荐他们的朋友、同学或前同事来面试。当然，你自己要身体力行。

我在一家互联网公司做高管时，两年的时间里，我说服了4位前同事、1位初中同学、2位好朋友、1位我曾经的客户，共8个人加入该公司。这让我的团队成员们意识到，自己的上级是多么坚信这份事业。在我的感染下，他们也开始推荐小伙伴加入。

当然，在大力发动内部推荐之前，你有必要和HR一起坐下来，讨论一下你们公司内部推荐的政策是否合理。我见过不少公司，内部推荐成功只奖励三五百块钱。说实话，这个数字太低了。

如果你请猎头推荐候选人，成功入职的话，猎头费通常为候选人3个月的工资。所以，从公司的角度来说，如果内部推荐成功，哪怕奖金相当于候选人1个月的工资，也比猎头费要便宜。

此外，关于内部推荐，你还需要和你的上级达成共识。有些公司高管会存在顾虑，担心下属推荐来的朋友会形成裙带关系。不过，只要内部推荐的人数控制在一定的比例内（根据我过往的经验，15%是一条绝对安全线），而且招来的人确实有真才实学，我相信公司是可以开绿灯的。

第二种，找行业大咖做媒。

如果你在一家中小企业任职，那么很多时候，行业牛人对你和你公司的信任度都是有限的。在这种情况下，找行业大咖做媒，就是一种成功率比较高的招聘方式。

我在做生鲜电商创业时，聘请了3位年纪加起来超过200岁的资深采购老师傅做管理顾问。在当时的水果市场上,很多团队的采购都是他们的徒弟甚至徒孙。因此,请这 3 位老师傅帮我们邀请采购方面的牛人加入,几乎是指哪儿打哪儿,一挖一个准。

这些年我作为管理咨询顾问服务公司时,也会帮企业家们面试一些高管。这让我对这个方法的效果更加有体会。一方面,我可以从外部视角帮助候选人看到公司优秀的地方;另一方面,的确有不少候选人因为之前在得到 App 上听过我的课,对公司在学习上愿意持续投入而心生好感。

第三个重要的招聘方式是参加行业论坛——既包括线下的峰会沙龙,也包括线上的社群。

作为团队管理者,你要打造自己的行业影响力。在各种论坛上发言、交友、参与讨论,都能够帮助你有效吸引对你公司感兴趣的潜在候选人。我做生鲜创业时,每次在行业论坛上做完主题演讲,都会用一页 PPT 迅速介绍一下我们团队现在需要什么样的人,然后留下我的联系方式。几乎每次演讲结束之后,都会有十余位潜在候选人和我联系。

2.2　如何说服牛人加入你的团队

通过上面这些办法,相信找牛人来面试对你来说不是什么大问题了。可是,怎么才能说服他们加入你的团队呢?

我的经验是,在工作时间、地点、收入等硬性条件无法改变的情况下,能让管理者事半功倍的,就是精心设计面试的过程。

你应该对"用户体验"这个词不陌生。如果把候选人来公司面试想象成一个用户体验的过程,那就很容易理解了。接下来,我按面试前、面试中和面试后三个节点，来和你分享如何设计候选人的体验。

先来看面试前的体验。

候选人按约定时间来到公司之后，你可以在面试开始之前带他参观一下公司，不动声色地展示一下公司的闪光点。

为什么要这样做呢？

大部分公司的面试流程都是这样的：候选人抵达公司，到前台登记，然后被带到一个小房间里，和面试官聊一个小时，然后被送走。换位思考一下。如果你是一个候选人，难道你不会对公司的办公环境、团队氛围、公司产品，甚至服务细节等感到好奇吗？

我辅导过一家高科技企业的招聘团队，他们公司的专利证书摆了整整三面墙，而且公司的产品有着极好的用户体验。但是，他们的老板非常低调，公司也极少对外宣传。

面试的时候，他们的候选人大部分都没有参观过这个专利墙，甚至连他们公司的产品都没有体验过。很多人直到进了公司才发现："噢，原来我们公司这么厉害！"于是，我建议招聘团队更改候选人的面试路线——在前台登记完，先参观专利墙，再现场体验公司产品，最后才去面试。这样做之后，果然入职率大幅提高。

再来看面试中的体验。

首先，面试是一个双向选择的过程。你在面试候选人，候选人也在面试你。像着装、谈吐、坐姿等基本的商务礼仪，我在这儿就不多说了。我只讲一个很多团队管理者都会忽视的细节：面试时，很多面试官往往是拿着一支笔，在候选人的简历上写写画画，问的问题也是天马行空，想到什么问什么。这就导致候选人觉得你并不重视他，公司也很不专业。

所以，**我非常建议你把前面提到的面试清单打出来，严格按照面试清单提问并记录，把专业的感觉传递给对方。**

其次，牛人不缺工作，缺的是让他们兴奋的工作。所以，在对牛人进行面试时，考察能力的部分可以适当减少，更重要的是留出一个交流环节，跟他谈一谈你们公司的战略和价值观。

讲战略，不是吹嘘你们公司的战略有多牛，而是要让对方觉得，他对于你们公司、对于你的团队是"被需要的"。讲价值观，更不是空喊口号，而是要和牛人确认，这里的工作方式是他们认可的。

我看过这样一段视频，苹果公司CEO库克回忆起乔布斯当年是怎么吸引他加入苹果的，最关键的就是两点：

第一，乔布斯谈到苹果要进军个人消费领域，而当时的竞争对手都认为只有在企业服务领域才能发展。库克看到了苹果面临的问题，认为自己凭借在康柏的过往经验可以在这一阶段为苹果做出贡献。

第二，苹果这种"走自己的路"的价值观，也是库克非常认同的。

所以，库克才放弃了康柏的稳定工作，开始了在苹果的职业生涯。

最后，我们来看面试结束后的体验。

面试结束，并不代表吸引牛人的过程结束。哪怕面试时谈得再好，候选人离开之后，还是会有改变主意的可能。

这里教你一个小技巧——给候选人布置一个小任务。通过我的长期实践，我发现它能大幅提高面试的成功率。

比如，给他一些公司的信息，让他做一个分析报告；或者请他到公司的现场，以一个顾问的身份找出存在的一些问题。

这样做有三个好处。第一个好处，这可以进一步考察候选人的能力。毕竟我们对牛人的期望值会更高，仅靠面试，有的时候会看走眼。所以，给他一些小任务，让他上手做一下，能够让你的判断更加准确。

第二个好处，这会让候选人对你的公司增加时间、精力上的投入，某种意义上，也就增加了他的机会成本。而他投入得越多，从心理上就越不愿意拒绝你。

第三个好处，在这个阶段，把公司存在的一些问题暴露在他的面前，能让候选人看到你很坦诚，也能够帮助他更好地适应未来的工作。你别以为把团队说得完美无瑕，就更能吸引候选人。恰恰相反，俗话说金无足赤，人无完人，如果太过完美，只会让候选人觉得你对他有所隐瞒。

当然，就算你做了这些努力，牛人可能还是不会来。果真如此的话，你也不要气馁——现在不能来，并不代表未来不能来。一位技术大拿跟我讲过他入职现公司的过程。当年他在西安创业，现公司的 CTO（首席技术官）在北京。为了挖他过去，那位 CTO 每半个月给他打一个电话，就这么坚持了两年。等后来他想跳槽的时候，那位 CTO 一邀请，他就欣然接受了。你看，这就是放长线钓大鱼。

划重点

牛人很重要，他可以在关键的时刻帮你捅破天花板。但牛人也很难找，你需要通过身边资源、大咖做媒、参加行业论坛等机会，扩大你的招聘基数。牛人更难吸引，你需要做好面试前、面试中、面试后这三个用户体验环节。

管理动作打卡点

▼

参加一次外部论坛，与一位优秀的同行交流，问他是否愿意来你们公司看看机会。

3

新人引领：如何帮新员工尽快融入团队

刀在石上磨，人在事上练。

——谚语

不少人觉得，新员工业绩不行，就是能力不行。这么说太武断了。

2017 年，《哈佛商业评论》发表过一项研究，对新近跳槽的 588 名高管进行了调查。调查显示，**这些高管能力都很强**，但其中有一大部分在跳槽后很难马上出业绩。为什么呢？原因无外乎是：**不适应新组织的运作模式**，**和新团队产生了文化冲突**，**和新同事合作不愉快**，等等。高管尚且如此，更何况普通员工？

既然新员工当初通过了你的面试，就说明他们的能力在招聘过程中得到了你的认可。但是普通人刚加入一家公司，往往会担心自己说错话、做错事，如果没有得到正确的疏导，工作起来就会畏首畏尾。

所以，新员工不出业绩，"不能融入团队"才是症结所在。那么，怎么才能有效地解决这个痛点呢？作为团队管理者，你不可能全天候、无死角地去关怀每一位员工。我在多年的管理实践中，总结出了五个关键时刻。在新员工入职之后，只要你在这五个时刻给予他们帮助，就能够有效地避免他们出现无法适应新团队的情况。

3.1 发入职 offer 时

第一个关键时刻，是发入职 offer 的时候。

请注意，帮助新员工融入团队，并不是从入职那一天才开始。当你决定给他发入职 offer 的时候，就应该是你关怀他的起点。为什么呢？因为收到你的 offer，并不意味着他一定会来。从拿到 offer 到正式入职，还有一段空窗期。如果他足够优秀的话，别的公司很可能会乘虚而入。

那么，在入职之前，应该怎么体现出公司对新员工的关怀呢？我的做法是，在发 offer 的时候给新员工安排一位小导师，也就是外企里常用的 buddy 制度[1]。这位小导师，最好和这个新员工年纪差不多，工作经历也差不多。当然，必须是绩效好的、比较正能量的员工。

新员工遇到的关于入职的所有问题，都可以直接和这位小导师沟通。而且，因为年纪和经历相似，他们很容易就会有许多生活化的交流。比如，公司附近哪里有好吃的？团队里面其他同事都是什么风格的？和老板沟通时要注意什么？等等。这些问题，新员工不方便直接问你，问这个小导师就是最好的选择。更重要的是，如果新员工有不打算入职的意向，也可以没什么负担地告诉小导师，而小导师则可以第一时间帮你进行安抚和挽留。

---

[1] 伙伴制度。指派一位资深员工做新员工的"伙伴"或"导师"，由其负责向新员工介绍公司、团队、工作流程和文化等方面的信息，并解答他可能遇到的问题。

3.2 入职第一天

第二个关键时刻，是入职的第一天。

有不少团队管理者对新员工入职的第一天非常敷衍。新员工没有人欢迎，来了就来了，领了电脑就坐到工位上，立马开始工作。这简直太糟糕了。换工作是一件大事，是一个也许多年以后仍会记得的重要时刻，就这么草草结束实在太可惜，对员工来说不会是什么太愉快的回忆。

我的做法是：提前让新员工做一页介绍自己的PPT，等入职的那一天，让他在整个团队面前做一次自我介绍。当然，我也会向团队隆重地介绍他，告诉其他人我为什么招他来，我看中了他身上的哪些优点。同时，我还会让团队里的每个人都向新员工做一次自我介绍，以便让新员工尽快和同事们熟悉起来。

另外还有个小技巧：我喜欢给新员工送一样见面礼——在新员工入职的第一天，我会把我喜欢的职场书籍作为礼物送给他。如果你也想这样做的话，你还可以在书的扉页上写下对他的寄语，甚至可以邀请所有团队成员一起签个名。

总之，一定要重视新员工入职的第一天。记住，这是他人生里非常重要的一个高光时刻，必须充满仪式感。

3.3 第一次阶段性工作汇报时

新员工顺利入职之后，接下来的一个关键时刻，是第一次阶段性工作汇报，一般在一个月左右进行。

在熟悉了一段时间以后，新员工对工作流程应该有了初步的认识，也接手了一些工作。但在这个时候，什么事情重要，什么事情不重要，他还判断不好。

如果让他自己乱闯乱撞，他很可能会因为不懂如何分配优先级，导致短期之内出不了业绩，从而产生挫败感。所以，正好一个周期结束了，你就可以借这次汇报的机会，帮他梳理一下工作的优先级。

在这次汇报中，你还可以让他总结一下这段时间有哪些收获，有没有遇到什么棘手的问题，需要你帮他解决。同时，你还需要给他布置后续的工作。

另外，我特别建议你在新员工入职一个月左右的时候安排一次团建活动——可以是简单地组织团队到郊外走一走，可以是一起聚餐，也可以是真人CS、密室逃脱这种娱乐型的活动。

团建活动的意义，在于创造一个脱离工作的环境。大家平时忙于工作，不会有太多的私人交流。团建的目的就是让大家玩起来，进一步彼此熟悉，从而提高新员工和其他团队成员之间的默契度，帮新员工尽快融入团队。

3.4　第一次遭受挫折时

第四个关键时刻，是新员工第一次遭受挫折的时候。

我们经常认为，做事情出了状况没关系，及时把问题处理好就可以。但不要忘了，对新人来说，这也是个非常重要的节点。

如果是老员工出了状况，他们可以一眼看清问题的关键所在。但新员工不一样，他们既不知道这个问题的后果有多严重，也不知道应该怎么改进，很容易因此心态失衡，从此做事缩手缩脚。

所以，不管挫折什么时候发生、原因是什么，你都要在第一时间介入。

帮助老员工很容易，你只需要指出待改进的一二三点，他就会自己去解决问题。但是，对新员工的辅导方法则有些不同。我通常分三步走：**稳住情绪、复盘原因、总结教训。**

一般而言，新员工都非常积极，想尽快出业绩。但是，挫折容易让他情绪低落，对自己的能力产生怀疑。所以，在新员工第一次遭受挫折时，如果发现他情绪低落，你可以约他第二天进行复盘。

复盘时，很重要的一点是：一定要让新员工从自己做得好的地方讲起。下属遇到了挫折，并不代表整个项目一无是处。从做得好的地方讲起，可以帮助他迅速恢复自信。这样，就会在很大程度上安抚他的情绪，让接下来的复盘更加顺利。

之后，可以开始梳理项目中出现的问题，跟他一起复盘原因。这个环节需要非常小心，把重点放在"提升空间"上，尽量规避跟"责任"相关的话术。因为这次复盘的目的，不是让他为这次失败负责，而是教他以后如何提升。比如，你可以这样说："在项目过程中，你有没有看到什么我们没有做好的地方？以后再出现类似的情况，你认为我们应该如何提升呢？"

不管下属说什么，不要打断。等他说完之后，再帮助他从失败中总结教训。

需要注意的是，千万不要说"我认为下次你应该怎样怎样"，而要说"如果再遇到类似的情况，我会怎样怎样"。这样的话术，不仅可以分享你的工作经验，更能让下属感受到你对项目的反思和自我复盘。如果有必要，你可以亲自下场给下属打个样，这样能让他充分感受到你的专业度和对他的支持。

总之，这一步的最终目的，是把失败的经验落实到下一步的提升计划上。只有这样，下属才算是真的从挫折里走出来了。

3.5　第一次取得胜利时

第五个关键时刻，是新员工第一次取得胜利的时候。这是一个非常重要的时刻。它意味着，新员工终于能够在你这里证明自己的价值了。这时候，作为团队管理者，你一定要看到这个新员工的业绩，然后帮助他在团队内进行宣传。

我一般是这样做的：开个小会，把团队召集到一个办公室里，让新员工隆重地分享他的成功案例。他做了什么？过程中得到了大家的哪些帮助？最后取得了怎样的成绩？

会上不只有新员工的分享，你还可以请团队一起吃个蛋糕，甚至开一瓶香槟，为新员工的成果进行庆祝。必要的时候，你还可以第一时间发邮件给整个部门进行通报表彰，同时抄送你的上级，让更高层了解并肯定这位新员工的成果。

我的电脑里，至今珍藏着我刚毕业进入某家公司时，我直属领导的上级发给整个大部门的邮件。邮件表彰了我在渠道管理方面提出的一个非常小的改进建议。当时，我时不时就会把那封表彰邮件翻出来看，每次心里都美滋滋的。

至此，五个关键时刻就介绍完了。我推荐你把它们做成一份打卡日历，提醒自己到了时间就去关怀新员工。当然，除了这五个时间节点，新员工入职后还要面对其他很多时刻，表3-2是一份更全面的试用期新人引领时间表，供你参考。

表3-2 试用期新人引领时间表

目标	时间节点	关键动作	具体动作	打卡
新人融入 建立信任	第一周	美好第一天	为新员工顺利办理入职，发电脑，安排工位，引领入座，介绍办公环境，告知作息时间，介绍相关人员，安排直属领导请吃午餐	
		文化初遇见	向新员工介绍公司的愿景、使命、价值观及绩效考核制度	
		小伙伴关怀	为新员工挑选一位吃喝拉撒小伙伴（陪吃饭、陪租房、陪工作，等等）	
		工作仪式感	向大家介绍新员工，可以采取组局吃饭的方式（如果新员工是管理岗位，可以让他多熟悉自己的团队成员）	
	第二周	业务初认知	安排本部门及合作部门领导的一对一沟通1—2次	
		培训	安排新员工参加相关培训	
		跨部门学习	为新员工安排一次跨部门学习交流，熟悉业务流程和关键对接人	
		倾听心声	由上级或HRBP与新员工交流一次想法（以午餐的形式更好），倾听新员工最近关注哪些事情，有什么工作想法，对团队氛围有什么感受，解答新员工的疑惑，等等	

续表

目标	时间节点	关键动作	具体动作	打卡
	第三周	业务再认知	安排本部门及合作部门领导的一对一沟通1—2次	
		试用期工作计划启动	认真地与新员工一起制订百日工作计划，确定方向、目标、计划；多听听新员工的想法	
		跨部门学习	为新员工安排一次跨部门学习交流，熟悉业务流程和关键对接人	
		倾听心声	由上级或HRBP与新员工交流一次想法	
	第四周	组织团建	组织一次简单的团建，让新员工尽快和其他同事熟悉起来	
		试用期工作阶段性汇报	由上级或HRBP与新员工一起对工作计划进行一次回顾	
		做分享	安排新员工在组内做业务和产品的分享	
		倾听心声	入职满月啦，由HRBP与新员工交流一次想法	
挑战任务 适度授权	第五周—第六周	人脉拓展	引导新员工自发拓展公司内部人脉，参加会议，加入一个兴趣爱好小组或交流圈（如羽毛球队、瑜伽队）	
		做分享	安排新员工在组内分享他的工作流程和规划	
		试用期工作计划回顾	由直属领导、HRBP与新员工一起对工作计划进行一次回顾	
		倾听心声	由HRBP与新员工交流一次想法，沟通适应情况	

续表

目标	时间节点	关键动作	具体动作	打卡
	第七周—第八周	人脉拓展	引导新员工自发参加一次公司活动	
		做分享	安排新员工在部门内或组内做一次分享，总结其试用期工作计划的成功经验和失败经历	
		试用期工作计划回顾	由直属领导、HRBP与新员工一起对工作计划进行一次回顾，正向地提出指导建议和方向，根据实际情况决定是否调整他下个月的工作计划	
		倾听心声	由HRBP与新员工交流一次想法，观察他在实际工作中的优势和不足，请他在遇到困难的时候主动找HRBP诉说	
总结和下一阶段成长	试用期最后一个月	团建	请新员工发起一次跨部门团建活动，增加协同部门之间的凝聚力	
		试用期工作计划回顾	由直属领导、HRBP与新员工一起对工作计划进行一次回顾，关注目标的达成情况，进度是否延误	
		做分享	及时发现新员工的一个成功案例，安排他在组内分享一个主题的工作经验和方法论	
		总结	与新员工进行一次长谈，对试用期的工作进行总结和沟通，包括计划执行情况、计划进程中个人的感受，以及个人接下来的学习、成长和工作方向	

划重点

新人引领要关注五个关键时刻：发入职 offer 时、入职第一天、第一次阶段性工作汇报时、第一次遭受挫折时和第一次取得胜利时。

管理动作打卡点

▼

为即将入职的新员工准备一份试用期新人引领时间表，并进行打卡。

二、盘活存量

1
组织培训：如何取得预期的培训效果

> 如果你认为教育的成本太高，试试看无知的代价。
>
> ——哈佛大学前校长 德里克·博克

对于新人，管理者希望他们能够尽快独当一面；对于老员工，管理者肯定也希望他们能够更进一步，承担起更复杂的工作。但是，不给员工足够的培训，就指望他们出业绩，和不给士兵做操练就希望他们打胜仗一样，都是不负责任的。通过培训，哪怕只提升团队 10% 的能力，如果是一个 10 人的团队，也意味着凭空多出了一个人的战斗力。所以，培训的价值就在于可以有效盘活存量。

很多时候，调研之后你会发现，要提升团队的某项能力，有不止一种培训方案。这时候，你该怎么组织培训呢？

比如，想提高团队的谈判技巧，是应该组织员工们去上谈判技巧课呢？还是应该把谈判专家请到公司来，给员工专门做培训？或者干脆自己上，把过往的谈判经验传授给员工们？

还有，该用什么形式搞培训呢？是把团队拉到酒店里，做一次封闭的训练营？还是在公司开讲座？或者是拉上几个骨干员工，专门搞一次内部分享？

此外，企业每年的培训预算一般都是固定的，如果只有不到30000元，却要给30人甚至更多人做培训，该怎么安排，才能保证取得预期的培训效果呢？

发现没有，就算你已经非常清楚培训的必要性，也非常清楚该给员工培训什么内容，你还是会在安排员工培训时不知道具体该怎么办。这一节，就让我们来介绍一下怎样找到正确的培训方式，以及怎样衡量下属在接受培训之后是否达到了预期效果。

1.1 怎样选对培训方式

为了让你更清楚地知道该怎么选对培训方式，我设计了一个人才培养方法矩阵（见表3-3），按照"公司特有/行业普遍""硬技能/软技能"这两个标准，把需要培训的内容分成了四类，分别放在矩阵的四个象限中。所谓硬技能，是指在知识、技能层面的专业要求，因为和岗位工作高度相关、迁移性差，所以称之为"硬"。所谓软技能，是指员工的沟通、合作、分析、判断这些为人处事方面的综合能力，迁移性强。掌握这些能力的员工，往往多种工作都可以做好，所以称之为"软"。我们可以看到，不同的培训内容，对应着不同的解决方案。

先看第一类，行业普遍的软技能。所谓行业普遍，是指这种能力并非只有你们公司需要。这类能力的典型代表包括职场说服力、沟通能力、商务礼仪等。

要提升团队的这一类能力，所有培训的效果都差不多。你要做的，就是寻找低成本的解决方案。比如，得到App上就有很多这类课程，内容都非常优秀。而且，选择这种在线课程的话，你还可以

表3-3 人才培养方法矩阵

	软技能	硬技能
行业普遍	低成本解决方案 （如：在线课） - 职场沟通 - 商务礼仪 - 金字塔原理 ……	咨询内外部专家 请培训师 - 团队管理能力 - 大客户销售技巧 ……
公司特有	和外脑共创 - ××公司领导力模型 - ××公司产品经理胜任力模型 ……	内部研发 - ××公司合同谈判流程 - ××公司技术团队开发规范 ……

让团队利用碎片化时间进行自学。所以，如果只有30000元预算，我建议你拿出其中的5000元来购买这种价格实惠的在线课程，填满团队的碎片化学习时间。

第二类，是行业普遍的硬技能。比如团队管理能力，所有公司和团队都需要，但是又非常专业，与业务的相关度高。类似的还有大客户销售技巧、运营增长能力，等等。

这类能力对于团队来说是最关键的能力，要想取得提升，最好的办法就是求助于内外部培训专家。我建议你花掉剩余预算的绝大部分，也就是 20000 元左右，邀请最优秀的培训师来给团队授课。

第三类，是公司特有的软技能。比如领导力、胜任力，等等。

其他公司的领导力或胜任力模型，是没办法直接套用在自己团队身上的。因此，为了提升这类能力，很多公司都会请外脑和团队共创。

这里的外脑，可以是专业的咨询公司，要请到他们，你需要向公司决策层申请额外的预算；也可以是公司的 HR，这就完全免费了。总之，他们是外部的专家，他们有现成的模型，而你更懂你们团队的实际情况，结合共创，才能取得最好的效果。

第四类，是公司特有的硬技能。比如得到 App 的内容品控能力，就是得到公司特有的一项硬技能。类似的还有某企业的采购合同谈判流程、某技术团队的开发规范、某财务团队的商务分析技巧，等等。

要想提升这类能力，外部请来的培训师，肯定不如公司自己的专家专业。所以，这类培训没办法指望别人。你必须亲自开发课程，亲自给团队上课。这部分，一分钱也不用花。

总之，要想搞清楚究竟该怎样给员工设计培训，我建议你先按照这个矩阵梳理一下自己的需求，找到最高效的培训方式。

1.2　如何评估培训效果

怎么判断某次培训的效果好不好呢？是看学员的课堂打分高不高吗？是看培训之后员工业绩有没有突飞猛进吗？都不是。我有四句口诀和你分享：

能力篇　　　　　　　　　　　　　　　　　　　　165

一看学习模型是否简练；

二看培训形式是否生动；

三看练习次数是否足够；

四看产出是否嵌入工作流。

一场培训，只有在这四个方面都做到位，才会给员工带来绩效行为上的改变。打分的高低和业绩的好坏都会受到方方面面的影响，但是如果能够在绩效行为上有所改变，就说明至少在员工能力这个维度，培训取得了明显的效果。

举个例子。我曾经受邀去为一家电商平台的采购团队做培训。他们的问题是，在谈判前，团队成员不知道该怎么做准备，导致在谈判过程中缺少谈判筹码。如果我的准备时间只有一个星期，上课时间只有一个小时，我该如何安排这次培训呢？让我们来套用一下上面的四句口诀。

第一，学习模型要简练。很多培训，都要让学员记一大堆名字、步骤、概念。老师在台上做名词解释，学员们听得昏昏欲睡。我的办法则很简单：尽量把知识点压缩成一个小得不能再小的知识罐头，提炼出几个关键词，让学员们放到自己的场景里去运用。

比如，针对这次培训，我就总结了"谈判五看法"。

一看筹码；

二看议题；

三看对象；

四看团队；

五看场地。

简单的几个关键词，一下子就把复杂的谈判准备事项高度概括了出来。在后来的工作中，对于这个方法，采购们有的用得好，有的用得糟。但是，一旦记住了这五件事，他们想忘都忘不了。

这样提炼还有一个好处：它相当于你和团队之间的一个暗号，一种高效的、共同的语言。以后提到谈判准备的时候，不需要说一堆要点，只要说出"谈判五看"，大家立刻就会明白。

第二，培训形式要生动。成年人是无法像小学生那样坐着听一天课的，成年人的学习要求有大量的互动、参与、练习，通过这些形式把理论和实践结合起来。

所以，我当时就选择给大家演示一个真实的案例——我是如何用"五看法"跟某个供应商谈判的。即使是演示案例，我也只用了十分钟。剩下四十分钟做什么呢？我让学员们立刻上手尝试，趁热打铁。我最喜欢的方法就是角色扮演，人人过关。

我在准备培训的那一周提前编了几个简单的谈判案例，让学员们两两一组，一个扮演供应商，一个扮演采购，再请扮演采购的同学用"五看法"进行谈判准备。然后，我请每组先后上台，在大家面前展示自己的谈判过程，由台下的学员给他们打分。

我甚至还用过"真人秀"节目的形式，把学员们的表现录下来，让他们带回家反复观看，看看自己在实操过程中哪里表现得好，哪里表现得不好。

第三，练习次数要足够。很多团队管理者都有这样一种心态：我在培训时讲过一遍，你就要马上运用到工作中。其实，知道和做到之间，还隔着几十次甚至上百次练习。

打个比方。拿笔写字这件事，对你来说肯定就像个反射动作吧？但如果让你用左手写几个字试试呢（如果你是左撇子，则试试右手）？你看，这就是练习的作用。

同理，就算学员在课堂上了解了"谈判五看法"，其实也只是纸上谈兵，没有经过几十次、上百次的练习，还是不能固化下来。所以，培训结束之后，团队管理者还要安排检查、练习等环节——每次和团队成员一起工作的时候，都要检查他们有没有使用这个方法；每个月固定安排一次角色扮演，让他们继续和你切磋；等等。

第四，培训的内容，要变成他们未来工作的一个环节，并且用表单工具帮他们落地实践。否则，就算练习得再多，如果他们在工作中不用，还是起不到效果。

当时，我直接做了一张表单（见表3-4），把采购在谈判前要准备的方方面面都考虑进去。在见供应商之前，他们只要把这张表填好，"五看"的工作其实就已经完成了。

同时，我还帮他们做了制度设计：所有采购见供应商之前，要先把表格填好，和上级进行一次彩排。跨部门要资源的时候，拿出这张表；复盘的时候，还看这张表。这样，这场培训的产出，才算是在这个组织里扎根了。

表3-4　谈判五看准备表

一看筹码

我方可能谈判议题	目标/底线（符合SMART）	期待对方拿什么条件来换
	目标	
	底线	
对方可能谈判议题	目标/底线	对方期待我方拿什么条件来换
	目标	
	底线	
我方的资源优势/顾虑点	我方的最佳替代方案	
对方的资源优势/顾虑点	对方的最佳替代方案	

二看议题

	议题内容列表	不谈？可谈？必谈？
1		
2		

续表

三看对象

关键人列表	关键信息
姓名1	职务、风格、决策权高低、与我方关系
……	

四看团队

我方成员	关键角色及分工
姓名1	领队？发言人？技术员？记录员？有哪些关键话术？
……	

五看场地

要素	计划/观点	支持数据	说明
场地			在什么地方开会
助销工具			有哪些帮助你谈判的工具
日程			时间安排

划重点

想让培训取得预期的效果，你需要完成两个任务：

第一，找到正确的培训方式。按照"公司特有／行业普遍""专业技能／通用技能"的分类来选择培训方案。

第二，找到培训效果的正确评估方式。用"一看学习模型是否简练，二看培训形式是否生动，三看练习次数是否足够，四看产出是否嵌入工作流"这四句口诀，让你的员工发生绩效行为上的改变。

管理动作打卡点

▼

用评估培训效果的四句口诀，对你最近将要组织的一次培训进行优化。

2

辅导反馈：如何在工作中提升下属能力

教会员工，上级轻松。

——管理谚语

2.1 辅导下属十六字箴言

团队管理者和下属的关系，就像是师傅带徒弟：团队管理者比下属有经验，所以要去指导下属。

不过，千万不要以为只有在课堂上上课才是指导下属，在工作中指导同样重要。一项技能，哪怕在课堂上学得再好，如果没有在工作中进行实际运用，员工依然很难掌握——这和光靠看教科书不可能学会骑自行车是一个道理。

但是，不少团队管理者在辅导下属工作时常常不得要领，自己着急上火，下属却始终搞不明白。我建议，可以把培训界的一个经典辅导方法，放到日常指导下属工作的场景里。这套方法概括起来就是四句话，十六个字：

我说你听，你说我听，我做你看，你做我看。

用这十六字箴言来辅导下属，无论是你的辅导效率，还是员工的学习效果，都能实现最大化。

第一个动作——"我（团队管理者）说你（下属）听"，也就是口头指导。这个动作的关键是交代到位。管理者可以从三个方面把事情向下属交代清楚：**是什么、为什么、怎么做**。

"是什么"，是指我接下来要你做的是什么事，完成什么样的目标才算是做好了。

"为什么"，是指做这件事的目的是什么。例如，这件事对公司或你个人的意义是什么，有多重要等。

"怎么做"，是指我建议你怎么来做这件事，第一步第二步第三步。这是在帮下属拆解任务、形成步骤、强调重点。

这个过程听起来可能简单，但实际工作中，管理者未必每次都能把每一点都交代清楚。

举个例子。你让一名下属给客户打个催款的电话。不就是打个电话吗？你可能简单地扔下一句："小李，提醒下我们几个大客户，该付款了。"然后你就离开了。

但是，小李却没办法执行这个命令。他不清楚客户不按时付款有什么后果，客户要是拒绝了该怎么办。可是他又担心如果问太多，你会嫌他笨，这么简单的事都搞不清楚。于是，他犹豫再三，终于硬着头皮拨通了客户的电话。结果，因为把握不好说话的分寸，他把一个老客户给得罪了。

如果掌握了上面说的三个方面，你在交代的时候就可以这么说："小李，我需要你今天帮我给我们的几个大客户去个电话，提醒一下他们，应该在本月 30 日前完成付款。"这是"是什么"。把基本信息、任务目标交代清楚。

然后，你要告诉下属任务的目的，引起他的重视。你可以说："小李，向客户收款这件事对公司的经营非常重要，如果他们不能按期付款，公司的现金流都有可能断掉。一个称职的销售，既要能卖出去东西，也要能及时收回来钱。你前期对外销售表现得不错，回款这块儿，你也要学一学。"这是"为什么"，既点出了公司的利益点，也点出了下属的利益点。

接下来，还不能让小李直接拿起电话就打，你要把具体怎么做再帮他拆解一下。比如，小李首先需要了解对方的过往付款记录、合同条款，然后需要找对客户的付款决策人，最后才是拿起电话去追款。至于在电话里怎么跟客户沟通，你也应该把常见的注意事项告诉小李。

只有把这些都交代到位，下属对该怎么办好这件事才算搞清楚了。

不过，仅仅完成"我说你听"有时候是不够的，还需要加上"你说我听"。一方面，很多你认为是常识的经验和技能，下属不见得马上就能搞清楚；另一方面，下属如果有不懂的地方，可能害怕你说他笨，不敢主动问你。

当然，在这一步，你不需要生硬地说"你给我重复一遍"，可以把步骤和道理放到具体的场景里，让下属发表他的看法，提出自己的疑问。

比如，你可以这么问小李："如果要给 A 客户打电话，你会怎么做？"这时候小李会开始分析对方的付款记录、关键决策人，并且假设几个对方在电话里可能提出的反对意见，你可以针对小李的回答给出你的建议。

你可能会发现，当你让下属发表看法时，他有时候会答非所问。有些团队管理者爱摆老大的架子，总喜欢说："这种小事，不要让我说第二遍。"很不幸，大多数员工和你我一样，都是普通人，不是会读心术的神仙。所以，一旦发现下属支支吾吾答不上来，你就需要耐心地回到第一步"我说你听"，直到确保他搞清了重点为止。

第三个动作，是"我做你看"，也就是亲身示范。大部分稍微复杂一些的任务，在下属刚接触的时候，你都需要给他亲身示范。需要注意的是，亲身示范不等于每一次都亲力亲为。示范的重点是保证下属看得清楚、学得会，将来在得到你授权之后，可以按相同的步骤独立工作。所以，在亲身示范时，你应该遵守严格的流程步骤清单，让下属掌握良好的工作习惯。总之，这一步追求的是可复制的工作方法，而不是你自己觉得怎么方便就怎么来。

亲身示范还有一个作用——它能让你跟一线工作保持接触。很多时候，只有亲自去做，你才会看到问题在哪儿，才知道该怎么优化流程清单。而且，你亲自上阵，也更容易让下属对你产生信任。

所以，你其实可以当着小李的面，亲自向其中一个客户催一次款——从查付款情况、合同条款，到打个电话，示范整个沟通的过程，完完整整地走一遍。这样小李掌握起来就会更快。

那么，上级做完了，下属看到了，是不是就结束了呢？当然不是，不下游泳池，永远都学不会游泳。光靠看，下属是很难学会一件事的。所以，还有"你做我看"这一步，也就是团队管理者要跟着下属去工作，在他身边进行观察。

在这个过程中，团队管理者得提醒自己不要陷入两种状态：一种是"控制欲"太强，在观察下属做事的时候，总忍不住打断他们。你需要做的，是先记录下问题，事后再反馈。有的时候，你甚至可以找机会让下属狠狠地"失败"一次，只有摔个跟头才记得牢。另一种是"心太软"，比如工作流程清单中有五个步骤，下属跳过了一步，好像也没出什么问题，所以你就放过去了。正确的做法，是你一定要指出来，让他按照该有的五个步骤重新走一遍。

我非常欣赏华为创始人任正非提出的一个观点：**先僵化、后优化、再固化**。[1] 特别是对于基层员工来说，团队管理者要让他们知道，重要的不是如何创新，而是把流程、操作步骤老老实实地走完。

2.2 "三二一"平衡反馈法

把上一节的四个动作做完之后，团队管理者可以针对下属的完成情况进行一次反馈。**反馈主要由三个部分组成——三个做得好的地方、两个可以提升的地方和下一步的改变计划，所以又被叫作"三二一"平衡反馈法。**

这里的三和二是虚指，并不是让你教条地只能说三个做得好的地方和两个可以提升的地方，而是提醒你，在给他人反馈的时候，要始终先做鼓励，再给意见。同时，正面的反馈要尽量多于负面的，这样对方才比较容易接受。

永远不要低估正面反馈的力量。我至今仍然记得自己第一次和

---

1 参见得到 App 课程《孟庆祥讲透华为营销法》。

重要客户一起做的年度回顾。当时，由于没有充分准备，也缺乏经验，我在谈判桌上被客户"挑战"到下不来台，最后当然没有达成目的。事后，我的上级对我进行了平衡反馈。她一直引导我思考自己"做得好的地方"。我非常诧异，因为那毕竟是一次失败的谈判，怎么会有亮点呢？我的上级却鼓励我："刚才面对客户的种种刁难与挑战，你坚持表达了自己的立场，没有中途放弃，你的韧劲值得鼓励！"

当年的我，还不能深刻理解这次平衡反馈的价值，后来随着谈判阅历的增长，我才日益感受到。每次在谈判桌上遇到压力，我都会想起老领导对我的韧劲的夸赞——还是个"菜鸟"时，我都能做到不放弃，现在更没有放弃的理由。正是靠着"再坚持一下"这个习惯，让我往往能够取得最后的谈判进展。

提醒一下，**反馈时要记得让下属先说**，**你再点评**。这样有两个好处：一是给你自己留足思考和观察的时间——你不仅要看到下属怎么做，也得了解他们怎么想，不要以为你真的就那么懂他们的想法；二是，对于别人的点评和建议，人们会有一种本能的抵触情绪。上级先说，等于"一锤定音"，下属很容易就会开始抵触，很多话就未必听得进去了。

在这一节，我给你介绍了十六字箴言和"三二一"平衡反馈两种方法，当然，要想真正提升员工能力，你还需要在日常员工辅导中去实践这两种方法。

划重点

1. 辅导下属有一句十六字箴言:"我说你听",交代清楚是什么、为什么、怎么做;"你说我听",让下属重复,确保他理解了要点;"我做你看",亲身示范,不要嫌麻烦,不要跳步骤;"你做我看",观察的时候不要打断。

2. 做"三二一"平衡反馈时,记得以鼓励为主,下属先说你再说。

管理动作打卡点

▼

按照十六字箴言对你的一位下属做一次辅导,并对他进行"三二一"平衡反馈。

3

教练技术：如何提升能力没问题的下属

> 授人以鱼，不如授之以渔。
>
> ——《淮南子》

很多时候，员工表现不好，不是因为能力不足，而是情绪、心态出了问题。关于员工的绩效表现，有这样一个公式：

表现 = 能力 - 心理干扰

你看，如果人不在状态，能力再强也没用。

诸如畏难情绪、依赖心理、想赢怕输的思想包袱等，都会成为心理干扰，严重影响员工的绩效。团队管理者不能只抓看得见的KPI数字，或者只评价下属能力强不强，还要学会去疏导下属的心理。心态调整好了，员工绩效同样可以得到提升。

我这里说的疏导心理，不是让下属给你做一次"严肃的思想汇报"，更不是让下属跑来找你借个肩膀痛哭一顿，寻求心理安慰。它是一种通过提问，让下属自己找到解决方案，帮助他应对"心理干扰"的技术。

这种沟通方式其实有个更专业的叫法：教练技术。就是让你像球队教练那样帮助下属成长。我们知道，教练是不能下场去代替球

能力篇

员比赛的。**教练技术，就是这样一种带着下属找答案，然后让下属自己解决问题的方法。**

我们经常说要"学会倾听"，其实，"学会提问"更重要，因为只有问对了问题，你才能收到有效的反馈。我先来举个例子。

我刚升任经理的时候，有名下属跑来找我和我的上级，也就是销售总监，说他要离职了。小伙子一毕业就加入了我们公司，干了一年，表现很好。当时我经验不足，第一反应是：当然要挽留了。

于是，我马上进入了讲道理模式，和他说了一堆咱们公司怎么怎么好，你表现也不错，离升职加薪不远了。可是他对我的话完全没感觉，我看得出，他只是出于礼貌在听我说而已。

这时候，总监问道："你为什么要离职？遇到了什么事吗？"

小伙子说："我们公司是家大公司，我也算名校毕业，能进来当然也算非常好了。但是公司大，细节也多，太琐碎了。我感觉目前的工作都是在做执行，只要认识字好像就能做。"

他继续吐槽。总监认真地听，时不时地点点头，然后问了第二个问题："对于你的职业规划，你是怎么看的？"

小伙子回答得很干脆："我对战略、宏观的大方向的把握感兴趣。我希望自己将来能够成为一家公司的CEO，掌控全局，而不是处理琐碎的事情。"然后他继续说自己对未来的规划，说了有10分钟。

我心想，小伙子心气还挺高的嘛。不过看到销售总监始终在认真地听，我也就忍住没有反驳。

这时，总监又问："假设你现在就是CEO，你觉得一个好的CEO需要哪些核心能力？"

小伙子列举了好几位优秀的CEO，然后，他承认自己意识到了，他举出的这些榜样，要么对产品细节非常执着，要么在管理上有非常强的执行力。

最后，总监问："如果你也想成为这样的人，你觉得自己还可以从我们公司学到什么？"

小伙子一下就转过弯来了，回答道："我觉得，战略从制订到落地，每个环节是怎么执行的，我还没有学到。"

你看，这就是提问的力量。

3.1 学会提问

提问，而不是提意见，让下属自己去找到答案，比告诉他怎么做要管用得多。

管理顾问比尔·翁肯有一个非常妙的比喻——背上的猴子。这个理论是说，职场中每个人都有各自的任务，这些任务就好比一只只背在背上的猴子。下属来找你寻求帮助，一旦你直接给了他一个解决答案，他就会认为他已经把这个任务交给了你，和他没关系了，久而久之，他对上级的依赖只会越来越强。

所以，正确的做法是，每当听到"老板，这个事情我做不了""领导，我该怎么办"这类问题时，你都要警觉到，有一只无形的猴子正在把手伸向你的脖子。你必须通过提问的方式，把任务的主动权交回给下属。

我总结出了 5 个问题。下次和下属谈心的时候，只要抓住这 5 个疑问句，你应该就可以轻松地驾驭谈话了。这 5 个问题分别是：

1. 发生了什么事？

2. 你怎么看？

3. 你都试了哪些办法？

4. 你有什么建议？／你需要哪些帮助？

5. 还有吗？

当然，在和下属交流时，你不能机械地往外抛这些问题，而是要有的放矢地进行回应甚至追问。下面，我来逐个解释每个问题背后有哪些注意事项。

第一个问题："发生了什么事？"很多时候，下属遇到事情会变得惊慌失措，汇报时也抓不住重点。作为上级，你的一句"发生了什么事"，可以让下属的心先安定下来。问这个问题的目的，是让下属把事情的起因、经过、结果等基本要素先讲清楚。**这里你要特别注意确认信息的真实性和准确性。**

比如，下属会说，关于某件事，客户的观点是这样的。这时候，你就要让他转述客户的原话。再比如，下属如果用了"很多""很严重"这类词，你就要让他给出具体的数量或者参照物。总之，你要确保自己得到的信息是客观的。

知道了背景信息之后，你还不能马上给下属提建议。这时候，你需要问的是"你怎么看"。这个问题，一是能帮助你诊断下属到底受到了什么心理干扰，二是能引导你的下属去独立思考、分析问题，同时让他感觉自己的意见受到了重视。

也许你的下属提不出什么更好的想法，这时候，你需要问下一个问题："你都试了哪些办法？"人是有惰性的，往往习惯做伸手党——反正上级下命令，我执行，做错了，上级也要背锅。当你问他"你都试了哪些办法"时，就可以让他意识到，他对这件事情是有责任的。当然，这个问题也可以帮你搜集更多信息。

现在，你知道了发生了什么事，也听到了下属的想法，还了解了下属已经试过了哪些办法。这时候，你还可以问下一个问题："你有什么建议？"或者"你需要哪些帮助？"

下属可能会陷入惯性思维，给失败找理由；而你作为上级，要教下属反过来想问题，为成功找资源。你可以这么引导他："要达到你的目的，你需要哪些支持和资源？"

还有一种情况：下属很容易掉进具体的细节里，而你的作用就是把他拉出来，看看全局。在他看来天大的难题，在你看来，很可能只需要一个电话就可以解决。

最后一个问题："还有吗？"前面的每一个问题，在下属回答完之后，你都需要问他这个问题。很多时候，一些重要的信息、想法，都被截留在了下属欲言又止的那一个瞬间，就差你的一句"还有吗"，他就说出来了。总之，要等他把想说的都说完，你再进入下一个问题。

一般来说，学会问这 5 个问题，在日常工作中就足够了。

3.2 注意事项

关于教练技术还有 4 个注意事项：

第一，注意气氛，毕竟你是在辅导，而不是审问。在下属回答完你的问题之后，你可以简单地进行重复或者回应，然后再继续提问。比如，你可以说，"你刚才提到的那几个点……我是这么理解的……另外，我还想了解这几个点……你能否再介绍一下？"

此外，和下属谈话时，你们也不要特别严肃地相对而坐，可以呈 90 度角侧对着坐，甚至可以一起出去走走，边走边聊，避免紧张。

第二，保持好奇心，不要过早做评判。作为上级，很多时候，你是在帮助下属找答案，而不是简单地把你的答案抛给他。下属刚说了自己的观点，你就否定他，抛出自己的结论，这会严重打击下属的沟通欲望，让他关上对你的沟通之窗，并可能导致你错过重要的信息。

第三，辅导效果的衡量，要落实到行动上。光说不行动，是没有任何价值的。所以，在和下属交流时，你当然可以鼓励他畅所欲言，但是谈完之后必须制订下一步的行动计划，并且督促他去落实。

第四，教练技术主要适用于有一定经验、可以独立完成任务的下属。对于没有经验的新人，建议还是先按照十六字箴言来进行辅导。

划重点

辅导那些能力没问题，但是不出业绩的下属时，你可以问这 5 个问题：

1. 发生了什么事？
2. 你怎么看？
3. 你都试了哪些办法？
4. 你有什么建议？/ 你需要哪些帮助？
5. 还有吗？

管理动作打卡点

在每次正式的授课、辅导、教练结束之后，和你的下属一起填写表 3-5。先让下属完成关键词的记录，并对这次学习或练习进行自评，然后你再写上你的评语。这样就把管理的道理和实践相结合了。

表3-5　培训备忘一页纸

培训对象	培训人	培训时间

培训内容回顾（关键词）

员工自评

- 做得好的地方（2—3条）

- 可以进一步提升的地方（1—2条）

上级反馈

- 做得好的地方（2—3条）

- 可以进一步提升的地方（1—2条）

下一步计划（什么时间之前，通过什么任务，达到什么提升目标）

三、提升质量

1
下属考察：为什么管理层选拔不能只看绩效

官以任能，爵以酬功。

——《资治通鉴》

"要想跑得快，全靠车头带。"团队管理骨干的选拔，对于提升整个团队质量有着四两拨千斤的作用。不过，如何选拔合格的骨干，却是很多管理者没有认真思考过的。

有一家技术开发公司，要从七名资深技术开发工程师中选拔一人，接替离职的技术总监。总经理认为小A是最适合的人选。小A连续多年被评为公司优秀员工，而且也表达了强烈的晋升意愿。但作为企业外脑，我给出的咨询意见是，不建议提拔小A。理由是这样的：小A业务能力的确很突出，但管理能力还没有得到证明。贸然给小A升职，可能给团队带来很大风险。

遗憾的是，总经理没有采纳我的意见。他认为，小A绩效好，对公司忠诚度又高，不给他升职给谁升？与其去外面挖一个牛人，还不如用自己培养起来的下属。小A管理能力没有得到证明，那正好给他一个证明的机会。

结果，小A成为技术总监之后，首先出现的问题是：他自己原本负责的模块没有继任者，导致开发进度一拖再拖。等到他把工作交接清楚，又暴露出了他不知道怎么带大团队的问题——业务流程混乱，也缺乏培养下属的意识和手段。一年之后，整个开发团队业绩一落千丈，小 A 也被迫离职了。

你别觉得这只是个例，这种情况太常见了。在管理学上有个著名的"彼得悖论"，说的就是这种困局。一位名叫彼得的管理学家发现，在一个等级制度中，如果绩效是考核员工的唯一标准，绩效好就晋升，那么，总有一个阶段，员工达不到更高的绩效了，他就不能再晋升了。反过来说，每个员工，最终也都会晋升到他所不能胜任的职位。

怎么跳出这个困局呢？在人才管理的过程中，我们一定要两条腿走路，除了绩效"考核"，还要进行能力"考察"。考核，只能了解员工对当下任务和指标的完成情况；而考察，则需要更多地关注员工的长期潜力。

对于团队管理者自己来说，兼顾"考核"和"考察"就更重要了。"考核"可以让你的日常管理变轻松，而"考察"则能让你未来的工作变轻松。只有学会考察下属，你才能找出那些值得长期培养、值得提拔的人才。

1.1　考察员工就像问诊大树

很多团队管理者考察员工时"凭感觉"：小李这孩子不错，勤奋好学，有潜力；小张不行，整天风风火火，不稳重；等等。这样考察，辨别出优秀下属的概率，跟买彩票中大奖差不多。

考察员工，就像判断一棵树是否健康，不能只看树叶，还要看树枝、树干和树根。如果把员工比作一棵大树，那他从上到下就依次是：树叶——硬技能、树枝——软技能、树干——动机、树根——价值观（见图3-1）。在员工评比、晋升、选拔等环节，这些关键点都需要考察到。

图3-1 员工考察关键点

首先看硬技能。它是指岗位在知识、技能层面的专业要求。例如，司机要有驾照，财务从业人员要有会计证，销售人员要有销售技巧，软件开发人员要会相应的计算机语言，等等。就像叶子的健康程度可以作为判断大树健康状况的直观依据，硬技能的具备情况也是我们评价员工的首要环节。

其次看软技能。它是指岗位在为人、处事等方面要求的非专业技巧。比如，司机有驾照证明他会开车，但是我们要考察的如果是董事长的司机，只看驾照可不行。这位司机是否准时；工作是否有计划；待人接物是否有分寸；是否具备风险控制意识，能够保障出行安全——这些软技能，都应该列入考察范围。

硬技能不足可以通过学习改善，就像树叶掉了可以再长，而树枝生长起来则没有那么容易，软技能的培养需要非常久的时间。所以，在考察员工的软技能时，更建议你从选拔的角度，而不是培养的角度看待——与其提拔不具备某个软技能的员工，然后进行培养，不如一步到位，直接选拔软技能达标的员工。

那么，究竟该怎么评价员工的软技能掌握情况呢？表3-6从为人、处事两方面，个人、人际、团队，目标、解难、过程六个维度，对员工的软技能进行了描述。

举个例子。很多岗位都要求员工具有较强的学习能力，那该怎么判断谁学习能力更强呢？光这一个概念，就可以拆解成很多维度。看学历？看是否名校毕业？好像都该看。但学历高、名校毕业，只能说明他过往的考试能力强。那么，看员工学习新知识快不快？好像可以。但如果他学了新知识却没有运用到实际工作中，那么这种所谓的"学习能力"也是无用的。再比如，员工的学习意愿要不要考虑？如果他学得快，也会用，但就是不愿意学，每次都得别人要求他，那他的学习能力该怎么评价呢？

咱们设想一下，你有两名下属：小张是大专毕业的仓库管理员，小李是名校毕业的市场专员。现在，你要对他们的学习能力进行打分。

我的建议是，把学习能力在行为上拆成三个维度，分别是爱学、会学和能运用。爱学，就是学习意愿强，不用别人逼，他自己就能够主动学习。会学，是他知道怎么学习，掌握了学习方法，甚至能够快速学会。能运用，是他不光学会了，还能运用到工作中，解决实际问题。

有了这三个维度，给小张和小李打分时马上就有标准了。

比如，虽然小张的学历不如小李，但不能给小张的学习能力打低分，因为学历不在我们的考察范围内。而小张通过自学采购管理知识，在三个月内把公司产品包装的采购成本降低了5%；小李却只是按照公司要求完成了日常工作。这么看来，就是小张的学习能力比较强。因为他明显爱学、会学，还运用到了工作当中。

其他的软技能也是一样。每个抽象的概念都需要定义到具体的行为。只有这样，才能为员工指明努力的方向，也为管理者提供考察的依据。

此外，每个岗位以及每个岗位的不同级别，对软技能的要求都是不一样的。例如，人力资源部门的员工需要具备组织敏锐度，这样才能发现员工的情绪、能力问题；而技术开发人员则更需要具备分析、判断和创新的能力。人力资源总监这个级别又有不同，需要有商业意识，需要具备战略规划能力，从而帮助公司实现人力资本增值。由于岗位类型、职级的模型太多，无法在本书中一一介绍，如果感兴趣的话，你可以进一步自行了解。

再次，我们要考察员工的动机，也就是看员工自己的职业规划是怎样的，是否和公司需要的方向一致。例如，团队管理者看好一名员工，想提拔他。这名员工专业过硬，培训指导、指挥控制等领导力方面的软技能也没问题。但是，他自己却不愿意成为管理者，只想在专家路线上发展。这就是动机和公司所需不符。如果非要提拔他，他在更高的位子上也未必做得好。这就好比一棵大树，虽然枝叶繁茂，但树干绵软无力，自然长不高。

最后，我们还要考察员工的价值观，看他做事时是否遵循公司

表3-6　软技能卡片

为人

	成就动机	抗压能力	敬业负责	坚持不懈	积极主动	学习能力	诚信正直
个人	挑战性目标 不断改进 驱动力	保持冷静 多任务管理 缓解压力	明确职责 履行承诺 承担责任	信念 坚持努力	独立行动 善用机会 主动投入	爱学 会学 应用所学	言行一致 信守承诺 坦诚直接

	团队合作	口头/书面表达	人际理解	影响能力	关系建立	组织敏锐度
人际	互动 协助 团队目标优先	方式 传递信息 效果	感知 互动 把握"度"	有效讨论 施加影响 赢得认同	渠道 交往 维护	掌握动态 赢得支持

	指挥控制	培养指导	团队激励	组织协调	领导变革
团队	任务分配 目标设定 监督完成	授权 氛围 辅导	激励 扫除障碍	资源 人员 过程	接受变化 调整行为 提前准备

处事

	结果导向	战略规划	前瞻思维	全局观念
目标	目标 业绩提升 正确投入资源 文化	趋势 制订规划 宣导	对变化敏感 预测 准备	出发点 合作 调整

	商业意识	技术应用	决策能力	分析判断	创新能力	信息搜集
解难	外部 内部 财务	技术本身 技术运用 科学方法	决策场景 决策过程 决策后果	发现问题 处理信息 分析问题 解决问题	创新态度 创新方法 创新运用	信息来源 信息判断 信息规整

	成本意识	风险控制	客户/服务导向	质量导向	合规守序	计划执行
过程	控制成本 增加产出 优化流程	发现风险 控制风险 防范风险	客户态度 客户需求 客服流程	注重细节 保证质量 提升质量	工作秩序 法律法规	计划 执行 调整

提倡的规则。价值观好比树根，如果根烂了，上面的枝繁叶茂便都只是假象。例如，在考察员工时，我们可以看他是否以客户为中心，是否诚信，等等。具体的价值观要求，建议你按照你们公司的规范来。

1.2　如何对员工进行能力考察

在考察硬技能时，你可以对员工进行知识技能测试，例如销售技巧、产品知识、客服能力；也可以看他们取得了哪些证书，例如驾驶证、会计证，或者公司内部的认证考试；还可以看他们完成过哪些关键任务，例如攻坚克难项目，或者艰苦地区或落后品类的工作经历，综合各种情况来进行评估。

在考察软技能时，我建议你可以采用"员工自证"的方式。比如，每半年，请你的所有下属给你做一次述职。在述职过程中，他们需要汇报自己取得了什么业绩、接下来的计划、对自己的自我评估等几个方面，证明自己具备了升任更高级别的潜力。然后，你可以邀请你的上级和 HR 一起，按照表 3-6 的软技能评价标准，用我在前面提到的 STAR 提问法（见第 139 页），来对下属进行追问和打分。

一般来说，如果一名员工在某项软技能上得了 1 分，就表示他在这个方面完全没有成功案例，甚至有失败案例。比如，在评价学习能力时，如果完全看不到员工把所学的知识运用在工作中，甚至还公开抵触学习，那就可以给他打 1 分；如果他得了 2 分，就表示他有体现这个能力的案例，但是做得很不好。比如，还是评价学习能力，如果员工有学习新知识的情况，但在运用知识方面有瑕疵，就可以打 2 分。如果员工得了 3 分，就表示他在这项能力上合格了，符合能力描述的标准。得 4 分，就表示他的表现在你的团队里可以成为楷模。如果员工得了 5 分，就意味着他太优秀了，他的这项能力，可以成为全公司的榜样。表 3-7 是一份员工潜力评估表，供你参考。

在考察动机时，除了安排正式的上下级沟通，团队管理者也要注意在平时的工作中对员工进行观察。**评价一个员工的动机，不仅要看他怎么说，更要关注他为此做了什么**。比如，一名员工提到，他的职业发展方向是从运营转岗到产品。但是，在过去的数年时间里，他从来没有参加过任何产品相关知识的学习和培训，日常和产品部门开会时，他也只顾着从运营的立场看问题，这些都足以说明他转岗的动机并不充分。

最后是对价值观的考察。和考察软技能类似，在考察价值观时，你需要确定公司对员工在行为上有哪些要求，然后再一一进行打分。这里就不再赘述了。

另外，我还要提醒你，与绩效考核类似，在考察的过程中，一定要及时与员工沟通他的表现。尤其是排名相对靠后的员工，不要等到开除前一天才跟他沟通。

举个例子。如果你在一年的最后一个月的最后一天对员工说："不好意思，你考察结果垫底，不胜任这份工作，公司要辞退你。"毋庸置疑，员工会非常愤怒。因为他一点心理准备都没有，何况，年底要找工作非常困难。

那怎么做才妥当呢？每项工作结束的时候，团队管理者都应该给下属一个快速的反馈，比如："你这次某个地方的能力表现没有达到我的要求，我来帮你分析一下问题。"这样才能及时管理员工的预期，帮助他们正视自己的表现。

表3-7 员工潜力评估表

指标		描述	候选人A（1—5分）
胜任力1 商业意识	外部	建立收集市场信息的机制或稳定的多种信息渠道，定期对市场信息进行分析和判断，对市场需求的变化高度敏感 善于捕捉或挖掘市场潜在的机会，总是能够不断提供满足客户需求或引导客户需求的产品和服务，抢占市场先机	4分 对于成熟产品在成熟市场的销售，候选人A进行了深度挖掘，建立了自己的市场信息搜集机制，并输出了三张重要的业务流程清单，同时保证了利润等关键指标的达成。
	内部	能够对产生商业价值的驱动因素进行精确分析，并对内部流程和管理进行系统改造和提升，将资源集中在真正创造商业价值的行动上 非常清楚生意驱动力背后的原理和投入产出比	
	财务	能够对公司重要的长期财务指标进行有效的改善，并进行长短期的利益平衡	
胜任力2 前瞻思维	对变化敏感	建立自己的信息渠道，对变化保持高度的敏感性 能够从一些细节预测到未来的发展趋势	2分 今年在新品引进上的几个失败案例，暴露了候选人A对市场变化不够敏感，也没有看到他为应对变化而提前做的准备。
	预测	能够系统分析和准确判断变化可能带来的各种影响和结果，从而把握先机	
	准备	能够针对未来的变化积极制订具体、可行的应对方案，做好充分的准备	
胜任力3	……	……	
平均分			

划重点

1. 管理层的选拔不能只看绩效，还要对其能力进行考察。

2. 考察要从硬技能、软技能、动机和价值观四个维度进行。

管理动作打卡点

▼

组织一次对团队骨干的考察，并进行打分和排名。

2 下属评估：如何搭建人才梯队

少花时间扮演报时人，而多花时间扮演造钟师。[1]

——《基业长青》

我有一个同学小北，不管是专业能力还是管理能力都特别强。6 年前，他就已经是销售部经理了，非常渴望晋升到总监、副总裁这样更高的职位。可这 6 年来，不管换到什么公司，他的职位始终都没有变化。

你可能会觉得，这太正常了，高管的岗位就那么多，晋升机会本来就很少，小北应该只是没遇到他的伯乐。真的是这样吗？

小北找我交流的时候，我问了他两个问题：

第一，这么多年，你培养过多少个经理级别的下属？

第二，你做过哪些长期战略规划？你的规划对公司的业务战略产生过哪些影响？

小北一愣，说没有。其实，恰恰是因为这两个关键问题没有做到位，他才被锁死在了中基层的管理岗位，不能更上一层楼。咱们换个视角，如果你是雇主，你会怎么看小北呢？

---

[1] [美] 吉姆·柯林斯、杰里·波勒斯：《基业长青》，真如译，中信出版集团 2022 年版。

第一，小北做销售工作将近 20 年，却没有带出来一个经理级别的下属。那么，如果小北晋升了，他现在的活儿交给谁？像宝洁、华为这种成熟的公司，甚至在晋升制度里就会体现出对团队管理者培养接班人的要求——你没有培养出自己的继任者，就不能晋升。同时，公司招聘高管时，也并不仅仅是想招一个业务专家（如果只考虑业务问题，公司可以通过聘用顾问、咨询公司外脑来解决），而是更想招一个能够给公司源源不断输送人才的组织发展高手。

第二，小北只是做好了自己的本职工作，在自己的专业领域里打转，但雇主不仅要求团队管理者有专业能力，更要求他能做出对整个公司的发展有利的决策。

所以，从雇主的视角来选拔高层管理人员，不仅要看绩效，更要看一些特殊的能力。我把这些能力归纳为两个方面：

一、在人的维度上，雇主希望高层管理人员能为公司留下人才储备。

二、在事的维度上，雇主希望高层管理人员能为公司带来业务突破。

关于如何在业务上实现突破，我们已经在前两篇介绍了很多工具。在这里，让我们从人的维度来探讨该如何为公司储备人才。

像小北一样，很多团队管理者都不知道该怎么发展组织，选拔人才——明明有很多优秀的下属，但干了一段时间之后，要么就跳槽走了，要么就业绩慢慢趋于平庸；也尝试过挖一些牛人到自己的团队，但也是要么又跳槽走了，要么很快泯然众人。

总之，好的人留不住，业绩不好的又培养不起来。怎么办呢？我的建议是，你需要搭建一个人才流动的梯队，培养出更多骨干来帮自己分管小团队。

这一节，我会给你一套组合拳，包含三个工具："人才盘点九宫格""两级管理制度"和"人才校准会"，教你怎么把人才梯队搭建起来。

2.1 人才盘点九宫格

所谓人才盘点，是一个对团队人才情况进行摸底的管理动作。我建议你回想一下一般的人才盘点会怎么做。负责地说，90% 以上的团队在做人才盘点时，基本就是定个百分比，在各个部门之间分一分优秀员工的配额。比如，一家职业教育机构在 4 个地区有 45 家分校。该怎么评定优秀校长？这家机构的总负责人定了个指标：选每个地区的前 10%。至于谁属于这 10%，就让各个地区自己去评估吧。

这样的人才盘点方式，至少存在两个问题：

第一，没有标准。地区之间可能不具备比较性，导致评选结果不公平。比如，华西区很小，总共只有 6 家分校、6 位校长，选前 10% 的话，连一个人都合不到。怎么算？华东区有 20 位校长，选前 10% 的话只能选两个人，但是华东区校长的整体能力强过华南区，第三名有可能比华南区的第一名还要好。怎么算？

第二，缺少监督。各个地区自己评估，只能靠地区总经理来"拍脑袋"，容易导致他权力过大，只手遮天。而且，对于地区总经理的判断，你也不一定能放心。比如，华北区的总经理自己绩效表现都不行,他推荐的优秀员工靠得住吗?

这样的人才盘点,显然不会有什么好效果。如果你是这家职业教育机构的总负责人,要想评估这 45 位校长的表现,你就要用到这个人才盘点九宫格(见表 3-8)。

表3-8 人才盘点九宫格

绩效	可继续,专家类	可培养,10%	可晋升,5%
高	**熟练员工** ·现岗位发展 ·稳定激励 ·扩大职责,给予支持	**绩效之星** ·给予历练机会 ·考虑晋升、加薪 ·重点保留,合理激励	**超级明星** ·承担更大责任 ·晋升、加薪 ·激励倾斜、重点保留
中	**基本胜任** ·确保业绩稳定 ·调整/留任现岗 ·辅导与培训	**中坚力量** ·给予挑战性的任务 ·给予关注与辅导	**潜力之星** ·设置业绩挑战目标 ·考虑晋升、加薪 ·挖掘正确的激励点
低	**问题员工** ·确保继任者 ·直接淘汰	**差距员工** ·分析原因,支持鼓励 ·降职降薪,绩效辅导 ·调整岗位,继续观察	**待发展者** ·分析原因、辅导 ·帮助业绩提升 ·资源支持,给予机会
	可淘汰,10%		可继续,新人 可培养,10%
	低	中	高 潜力

绩效考核和能力考察同步进行，就不会出现一条腿走路的情况。你可以对员工的绩效和能力进行相对排序，各自分成高、中、低三个档次，这样就得到一个九宫格。

在这个九宫格里，绩效这个维度通常是固定的，另一个维度则不固定，不同公司有不同的要求。比如，有些公司用的是价值观，还有些公司用的是敬业度。我这里用的则是潜力（也就是下一个级别所需要的软技能）。具体该如何判断一个员工的潜力，你可以参考第190页的软技能卡片和第194页的员工潜力评估表。

一旦用了同一套标准来盘点人才，区域的障碍就不复存在了。你就可以打通下面的各支小团队，从整个团队层面来进行比较。这样就解决了上面提到的第一个问题。

这里还要提醒你注意两点：

第一，**不要把团队内的所有人混在一起排，而是要把同一个级别的放在一起才公平**。否则，资深的老员工就会永远出现在绩效高、潜力高的9号位上，而新员工则会成为绩效低、潜力低的1号位常客。一般来说，同一级别内，在绩效和潜力两个维度上，高、中、低的比例各自控制在20%、70%和10%是相对合理的。

第二，排序的时候，记得把绩效和潜力分开来排。比如，张三的绩效高，李四的绩效中，王五的绩效低；张三的潜力中，李四的潜力高，王五的潜力低。然后再合并出这张九宫格：张三绩效高、潜力中，属于8号位；李四绩效中、潜力高，属于7号位；以此类推。否则，光环效应会让你认为，绩效高的员工天然就潜力高。

2.2 两级管理制度

可是，就算有了人才盘点九宫格，如果你对间接汇报下属的情况不太了解，又该怎么去排序呢？这时就要用到组合拳里的第二个工具了——两级管理制度。也就是说，你的日常管理半径，需要覆盖到你的间接汇报下属，尤其是"最好的"和"最差的"这两类下属。不要等到人才盘点会那天才听下属们王婆卖瓜，自卖自夸。

我做团队管理者时，最多带过100多人的团队，其中直接向我汇报的下属就有10人，而这10人每人又都管理着十几名员工。我当然不可能完全掌握这些间接汇报下属的表现，但是，我至少能把其中绩效最好和最差的各10%，也就是大约20人的情况掌握清楚。

怎么做呢？比如，我的直接汇报下属经常和我提到，他们各自的下属小A、小B、小C等是新成长起来的一批潜在明星员工。那么，我就会在接下来的一个季度里，刻意安排一天的时间，和小A、小B、小C们一起工作。通过这个机会，我可以近距离观察他们的表现，看他们是否真的那么出色，并且在他们之间进行比较。这种视角，光听汇报是不可能拥有的。此外，我的间接汇报下属必须是我亲自招来的。培训时，我也会亲自给间接汇报下属上课。通过平时和间接汇报下属的紧密互动，我就可以不再完全依靠中间层的传话，从而有效避免上述教育机构负责人遇到的第二个问题。

当然，你的管理范围需要以两级为限。如果间接汇报下属下面还有一层员工，你就没必要管那么细了。

2.3　人才校准会

我们前面说到的那位职业教育机构负责人,他的盘点方式还存在第三个问题:各个小团队的负责人都会"护犊子",都会说自己的人更好。该怎么办呢?这就需要用到组合拳里的第三个工具了——人才校准会。

至少每个季度,团队管理者都需要拉着自己的直接汇报下属和人力资源同事一起坐下来,做一次横向同步,比较所有的间接汇报下属在人才盘点九宫格中的表现。

人才校准会一般可以安排一个小时的时间。在会上,你需要请你的直接汇报下属把所有员工的九宫格情况汇总到一起,并进行团队级别的排序。然后,你作为最终拍板的角色,把团队的九宫格敲定下来。

人才校准会的作用之一,是帮助你校正自己的判断;而它更大的一个作用,则是让你的直接汇报下属拉齐他们对绩效和潜力标准的认知。

比如,我曾经力排众议,把小 A 在潜力排序上放到了小 C 的前面。要知道,小 C 是名校毕业,区域销售业绩全团队第一,大家都觉得他是明日之星。那我为什么会做这个决定呢?

当时,我指出,小 A 所在的市场,要远比小 C 的市场难做。而我看到小 A 在学习能力、团队合作、责任担当上面,都有非常扎实的成功案例。小 C 的确业绩很不错,但他所在的市场顺风顺水,他的潜力并没有得到证明。我们需要在未来给他更大的考验,比如派他去更艰苦的地区。

这个过程中,小 A 的直接上级和小 C 的直接上级,当然会站在各自的立场上为自己的下属争取。没关系，这是人之常情。但是，在标准确定的前提下，争论就变成了基于一个个客观事实的切磋。有不同意见，欢迎举出具体案例。正是通过这样一次次的PK，大家对选人用人的标准才逐步达成了共识。

通过这套组合拳，你应该可以获得一份较为完善的人才盘点九宫格。9号位上的员工，也就是绩效和潜力双高的员工，将会成为各个关键岗位的第一顺位接班人。一旦因为提拔或离职而有位置空了出来，9号位员工就可以第一时间补上。7号位和8号位上的员工，也就是绩效和潜力一高一中的员工，则可以作为第二顺位接班人。通过一定的培养和锻炼，他们在未来也有机会成为优秀的继任者。

划重点

1. 想搭建人才梯队，首先要进行人才盘点。可以用绩效和能力作为人才盘点的两个维度。

2. 可以通过两级管理制度和人才校准会拉齐对人才的评价。

管理动作打卡点

▼

对你的团队做一次人才盘点，找出绩效高、潜力高的员工。

3

人才盘活：如何避免团队青黄不接

培养员工最好的时间是 10 年前，其次是现在。

——管理谚语

光把高潜力的员工盘点出来还不够——这些储备人才是你团队的未来，你要想办法去盘活他们。

优秀的 9 号位员工，盘活的方向比较简单——如果他符合晋升的条件，你就要抓紧时间行动，不然竞争对手会来"挖角"。这一节，我重点要讲的是，对于需要培养的 7、8 号位储备人才，该如何量身定制成长方案，因材施教；对于明显不符合要求的 1 号位员工，又该怎么及时沟通、辅导，甚至劝退，避免影响团队的整体业绩达成。

3.1 人才池：把人放在事上练

培养储备人才这件事，特别容易陷入两难：一方面，你不给他锻炼的机会，他很难自己成长起来；另一方面，如果贸然把他放到更高的位置上，他还没准备好，很容易就会搞砸。如果他受挫离职的话，你就白白损失了一个高潜力的员工。

怎么跳出这个进退两难的困境呢？我给你的解决方法叫"人才

能力篇

池"（见图3-2）。用一些特定的项目，对一些特定的下属，提前进行有针对性的培养，这就叫人才池储备。

你可以把内部的人才梯队想象成一个水池，外部的人才招聘想象成去河里挑水。平时把水池蓄满，需要的时候，你就能从水池里取水，而不用每次都跑到河边去挑水。

建立人才池有三个好处：

1. 把人才单独拎出来放进特定项目，可以方便你近距离地进行考察。

2. 用项目作为载体，可以有效地锻炼人才。

3. 如果发现某个高潜人才确实不适合更高级别的管理工作，比起晋升之后再降级，或者他自己离职，让他退出人才池对团队的震动要小得多。

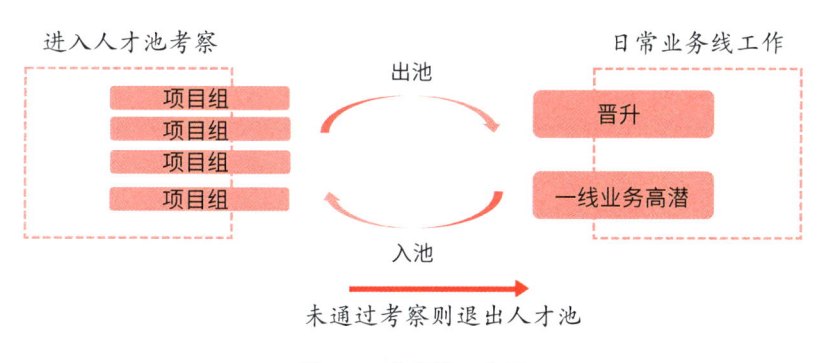

图3-2 人才池示意图

人才池要想建好，需要注意三点：第一，确定入池和出池标准；第二，以项目为导向；第三，定期沟通检查。

一般来说，我会把人才盘点九宫格里 7、8、9 号位上的员工放进去，也就是绩效或潜力至少有一项评级为高。同时，他们在和我做一对一谈话时，主观上也要表达进步的意愿。

那么，进了人才池，是不是就等于进了保险箱呢？

也不是，出池也要有标准。出池有两种情况：

一种，是等晋升机会来了之后，成功离开。那么，你就要确定晋升的标准。比如，人才池的考察时间一般不少于 6 个月，绩效表现不得低于团队前 20%，人才池项目考核通过，等等。同时，还不能有其他重大过失。

另一种，是在人才池期间，员工在九宫格里的排名掉出了 7、8、9 号位。这就要求你根据团队实际情况尽快进行相应的沟通和调整。

需要注意的是，在员工入池之前，你就要把出池的触发条件跟他们沟通清楚。

员工进了人才池之后，该怎么对他们进行培养呢？这就需要做到"人在事上练"——通过一些特殊项目锻炼人才，让员工跳出手头现有的工作，为成为团队管理者做预演。

培养储备人才，光靠培训是不够的，而项目是一个非常好的预演载体。管理项目要从规划到执行一条龙跟进；做了项目负责人，项目组其他成员不懂的地方，他得去讲解、做培训；光靠关系做项目管理可推不动，尤其是跨部门的项目，他必须建立起项目推进流程和激励制度，调动项目组的意愿度。总之，无论是目标、过程、能力，还是意愿，团队管理者需要具备的能力，都可以锻炼到。

正是因为项目的这种特性，很多公司都把担任项目经理作为晋升的一个重要工作经历。我在一家 500 强企业晋升销售总监之前，就负责了两年的管培生培养项目。在那两年里，我不但培训了100多名管培生，还培养了这些管培生未来直属领导们的带教能力。同时，我还建立起了一整套零售人才培养体系，包括考核制度、带教流程，等等。这种先有体系后有行动的工作方式，一直影响我到今天。

在做这个项目的过程中，我不断自行探索落地的节奏。尽管犯了不少错误，但毕竟我当时不是在领导岗位上，对公司来说成本比较低。这些，都为我后来晋升销售总监奠定了基础。

那么，该选择什么项目放到人才池里呢？显然，那些重大的战略项目，或者特别紧迫的项目都是不合适的。我给你两个方向：

第一种，跨部门"三不管地带"的项目。

比如，你们是一家电商企业，那么库存管理项目就是典型代表。库存，看起来是采购买多了、运营卖少了、仓库管不过来了，各个部门都有责任，需要联动，但是往往又没有人出来牵头，都觉得应该是其他部门的事。类似的还有商品部门、销售部门和供应链部门之间的缺货率降低项目，运营部门和市场部门之间的流量转化率提升项目，业务部门和技术部门之间的提需求流程优化项目，等等。

这些项目，可以让你的高潜力员工在各个部门负责人面前有充分的曝光机会，也为他们将来的晋升做了铺垫。当然，更重要的是，这种项目非常锻炼绩效一般、潜力优秀的高潜员工。因为他们协调组织能力强，在各个部门之间工作可以游刃有余。他们缺的，是拿得出手的业绩。限制他们出业绩的，可能有很多原因。那么，类似库存减少、转化率提升等项目，就可以从另一个侧面帮助他们快速证明自己。

第二种，"增肥力"类型的项目。

团队管理者往往重视"打粮草"类型的项目，因为它们可以直接带来业绩的增长。但请不要忽视部门内部重要但不紧急的项目——做这类项目，就好比在给土地施肥，只有土壤肥沃了，才能在未来更好地产出粮食。

比如人才培养、工作流程优化、新业务模式探索，等等。这种增肥力类型的项目，特别适合绩效好，但管理潜力一般的员工，正好让他们跳出现有的工作，好好锻炼自己的管理基本功。这些重要但不紧急的项目，往往很难出业绩，但一旦做出业绩，就可以从更高的维度对团队做出重大贡献。通过这种机会，他们可以证明自己在管理能力上具备提升的空间，也能够更加服众。

3.2　充分沟通，定期检查

项目找好了，也把储备人才放进人才池了，接下来就万事大吉了？还不行，你还需要充分地沟通，并不断地检查他们的成长进度。如果不进行充分的沟通，很多下属是会误解的："为什么我要额外承担看似本职工作之外的项目？"他们甚至可能会认为，"老板，你在给我穿小鞋吧？"就算不这么想，他们也会关心自己要在人才池干多久，怎么才能离开，等等。

要做好沟通，我建议你抓好三个窗口，讲清楚四个要点。

三个沟通窗口分别是：

1. 员工人才盘点评估完成，可以入池的时候。
2. 员工在人才池表现不佳，有出池风险的时候。

3. 员工在人才池表现优异，可以晋升的时候。

四个沟通要点分别是：

第一，人才池对下属有好处。这是公司给他的锻炼机会，是为了帮助他实现能力和绩效的进一步提升。

第二，人才池对团队有好处。这些项目可以有效提升团队间的合作，打造团队的基本功。

第三，评价下属现在的表现情况。他有哪些做得好的地方，有哪些还需要提升的不足之处，项目将如何提升他的这些能力。

第四，对下属的下一步安排。他目前是在人才池的哪个阶段，下一步你会怎么安排他。

除了沟通，更重要的是阶段性地检查下属的进度。我建议的方式是述职报告。

一般来说，述职每半年进行一次。在述职报告中，要请下属汇报他在这半年中的业绩和成长表现，可以包含企业任职履历简介、业绩达成情况、关键项目完成情况、个人亮点与暗点展示、硬技能软技能自评、下一步发展计划、对公司的建议和所需帮助等七个模块。

如果他还没有入池，那我们要重点评估他是否达到了入池标准；如果他已经在人才池里，那我们要重点评估他的项目完成情况。一般来说，每个人的述职总时长约为一小时，其中三十分钟是自述时间，三十分钟是答辩时间。

此外，在下属做述职报告时，我们要把所有团队成员和其他部门负责人等相关同事都请到现场。之所以请他们来，是想让大家在答辩时间有针对性地进行提问，确保评估过程充分吸取了相关意见。

答辩完成之后，团队管理者和直接领导需要对员工的下一步发展提出建议。

划重点

想盘活人才，你需要注意两点：

1. 通过人才池，把高潜力员工放到事情上锻炼。
2. 在和储备人才沟通时，要抓好三个沟通窗口，讲清楚四个要点。

管理动作打卡点

▼

围绕四个沟通要点，和你的一位高潜力员工做一次沟通。

意愿篇

员工的产出 = 能力 × 意愿。在能力篇，我们解决了"会不会干"的问题。在意愿篇，让我们来解决另一个重要的问题，那就是"愿不愿干"。

我经常被问到一个问题：如何管理好"95后""00后""05后"员工？我刚毕业的时候，流行的问题还是"如何管理好80后"。随着时代的推进，我相信这个问题还会继续下去——年轻人好像永远都是"难管"的。

其实，所谓"难管"，本质在于年轻人的需求和上一代人不一样。如果我们能够抓住他们的需求，管理同样可以变得很轻松。

所以，我想帮你建立一种名为"心理契约"的管理思路。心理契约这个概念，最早是由卡内基梅隆大学教授丹尼斯·卢梭在20世纪90年代提出的，指的是雇主和雇员之间未成文的相互预期。也就是说，当一个人加入一个组织的时候，他对于组织能够给他什么，组织对于他需要付出什么，都是有预期的。人们会基于预期在心里进行盘算，虽然并不像劳动合同那样明确落实到纸面上，但也是一种交换协议。这种交换协议，就叫心理契约。

一个人工作是不是投入，是不是决定离职，主要是由"心理契约"决定的。你和下属之间，除了上下级领导与被领导的关系，就存在着这样一种默契：你代表公司，需要了解和满足下属的需求，同时他努力工作作为回报。这种上下级关系，也叫"用交易代替管理"。**如果员工能够看到他其实是在为自己的需求工作，而不是在被动地为公司的要求工作，就不会有"当一天和尚撞一天钟"的心态，你也不用每天盯着他是不是迟到、偷懒。你不用"管"他，他自己会主动工作。**

推动这种心理契约建立的，一定是每一个直接上级，也就是你。你是公司和员工之间的那座桥梁。你要清楚下属需要什么，才能更好地激发他们。同时，也要让他们看到公司可以提供哪些机会，以及你对他们的期望是什么。

员工到底会因为什么而受到激励，从而提升工作意愿度？我们可以简单地分为"物质激励"和"非物质激励"。物质激励包含当下的收入激励和未来的发展激励，非物质激励包含当下的情感激励和未来的责任激励（见表4-1）。

收入激励主要包括"薪酬管理"和"奖金奖励"。收入类的激励见效快，但往往失效也快，不持久。发展激励是指通过职业发展给员工带去的激励，包括"用人所长"——发挥每位员工的优势，以及进行"职业规划"的探索。情感激励是指通过"团队建设""士气激发"给员工带去的情绪上的激励；责任激励是指通过"立威立规""价值规范"，让员工意识到自己承担着什么责任，从而受到激励。后三类激励见效慢，但往往比较持久。团队管理者要学会把四种激励作为组合拳使用。

无论是哪一类激励方式，都需要通过满足员工的需求起作用。作为团队管理者，你可以先问问自己：我真的知道下属最想要的是

表4-1　员工激励分类

	物质激励	非物质激励
当下	收入激励（薪酬管理、奖金奖励）	情感激励（团队建设、士气激发）
未来	发展激励（用人所长、职业规划）	责任激励（立威立规、价值规范）

什么吗？我的下属对自己的职业规划有哪些打算？目前的工作符不符合他的职业发展目标？他是不是希望转行业，或者希望换岗位？我怎么帮他把目标和现在的工作结合起来？

当然，下属的这些需求和目标，不会一开始就全部告诉你，甚至很多时候下属自己也没想清楚。作为上级，你需要利用每次和下属沟通的机会去了解，利用和他一起工作的机会去观察。

一、收入激励

1
薪酬管理：如何应对加薪需求

上下同欲者胜。

——《孙子兵法》

非人力资源出身的管理者，对于下属谈加薪这件事往往没有思路。不给他加吧，总担心骨干流失；给他加吧，又觉得下属一提就加，自己很被动。这里，让我们先把工资的构成讲清楚。

我想向你介绍两个人力资源上的概念：保健因素和激励因素[1]。保健因素的特点是，没有的话，员工会不满；但是到位之后，员工并不会因此而受到激励。激励因素则正好相反：给到激励因素，员工会很受鼓舞；但是如果没有，员工并不会因此而不满。

通常来说，员工的收入由基本工资、绩效工资、奖金或奖励（奖励包含期权、股票等）三部分构成。基本工资和绩效工资属于

---

[1] 保健因素—激励因素，也称双因素理论，是美国心理学家赫茨伯格在 1959 年提出的。他认为这两种因素是影响员工绩效的主要因素。保健因素的内容包括公司的政策与管理、监督、工资、同事关系和工作条件等。这些因素都是工作以外的因素。激励因素与工作本身或工作内容有关，包括成就、赞赏、工作本身的意义及挑战性、责任感、晋升、发展等。

保健因素。它们是员工在正常情况下可以拿到的收入，一般来说一个月一发。如果保健因素部分过低或者没有按时发放，那么，员工就很有可能离职。奖金或奖励属于激励因素，有点"意外收入"的意思，一般来说一个季度或者一年一发。如果这部分没有，员工也能接受；如果很高，员工就会觉得特别受激励。

基本工资主要体现员工的市场价值：如工作年限（老员工比新员工高）、岗位稀缺度（工程师比前台高）、职级（总监比专员高）、区域（北上广比三、四线高）；绩效工资则体现员工的KPI达成情况。

这里要特别强调一下绩效工资。有些团队管理者认为这部分属于激励因素，其实不然。很多公司在给员工定绩效工资时会采用固浮比方式。比如，年薪12万元，月薪1万元，切出30%为绩效工资，剩下70%为基本工资。也许某个月员工KPI没达成，那么绩效工资部分的30%就不能足额拿到。但是，员工依然会认为自己的年薪是12万元一年。所以，如果员工长期拿不到绩效工资，就会有离职的风险，你就需要思考是不是给他们定的KPI过高了。

奖金跟公司及个人的最终经营结果挂钩。它有很多叫法，如季度奖、年终奖、提成、分红，等等。显然，如果公司利润不好、团队经营结果不佳，这部分收入就会受到影响。奖励则是除了现金之外的各种激励，例如期权、股票、车贴、房补、补充医疗保险等。这部分主要针对的是对公司有特殊贡献并且忠诚度高的员工。

分析完工资构成之后，如果你的下属再来谈加薪，你就不要急着回答该不该加，而是先帮助他进行判断：到底是要提升市场价值（比如是不是职级太低，要通过满足任职资格的晋升要求从而提高基本工资），还是要改进绩效表现（每个月KPI达成情况），抑或要改善团队或个人经营结果（影响分红、奖金），或者是在某些项目上实现重大突破、做出重大贡献（获得特殊奖励）；然后再根据具体情况，和你的上级及 HR 进行讨论，采取行动。

1.1 四种薪酬制度对比

做好薪酬管理远不止该不该给某个员工加薪那么简单。团队管理者应该积极参与人力资源制度，尤其是薪酬制度的设计，选择更适合自己团队的薪酬制度，从而更好地激励团队。在这里，我列举了常见的四种薪酬制度，并描述了它们各自的利弊和适用场景，供你参考。

固定制。不要把没有任何提成的固定月薪简单地和"吃大锅饭"挂钩。固定制薪酬同样需要对员工进行考核，只不过考核的周期更长——通常为一年。考核的结果虽然不和浮动的绩效工资或者提成挂钩，但是和员工的晋升挂钩。很多成熟的大公司都采用这种方式。

它的好处在于，越是规模大、重合作的企业，就越难把公司的经营结果和某一个人绑定在一起。所以，减少了浮动部分，是希望员工把注意力放在团队合作上。同时，利用晋升制度对员工进行更长周期的考察，也容易避免员工急功近利，采取一些短视的动作。

不过，由于对公司管理制度和流程要求较高，这种制度不太适合需要强考核、短期快速出业绩的小公司，或导购、商务拓展等结果导向的岗位。

提成制。底薪加提成是很多企业采用的一种薪酬制度，既有保障员工基本生活的底薪作为保健因素，又利用提成多多益善的特点作为激励因素，特别适合想让业绩上一个台阶的团队在攻坚时采用。

不过要提醒你的是，在设计提成比例的时候，要考虑提高新品、新客户的提成或奖金比例，而不是一刀切，否则业务团队就会倾向于卖老品，维护老客户。

这种方式的缺点在于指标单一，容易导致业务人员为了完成短期业绩而冲结果，忽视了过程工作。同时，这种业绩导向的薪酬制度也不太适合人力资源、财务等后端部门。

承包制。承包制是一种更极端的提成制——完全不设置底薪，把员工看作一家家公司，或者干脆就没有员工的概念，让他们成为事业合伙人。

承包制的好处在于企业可以有效控制自己的费用，在流程制度不完善的时候，或者是市场剧烈变动的时候，可以用这种方式最大限度地规避公司风险，有效对市场进行测试。

不过它的缺点也很明显：由于没有底薪，很难对团队成员进行有效约束——毕竟对方可能不认为自己是你的下属。

复合制。复合制采用高底薪 + 绩效打分 + 年终奖的方式，兼具以上几种制度的优点：既有高底薪保障员工基本生活，引导他们按公司流程工作，也有绩效工资对其过程进行规范，最后还给出年终奖作为激励因素，无论是业务部门还是支持部门都可以采用。事实上，成熟的大公司往往倾向于采用复合制。

当然，不存在完美的薪酬制度。复合制对团队管理者的综合管理能力要求很高，同时需要大量数据作为支持，也增加了不少管理成本。如果是刚起步的创业团队，我建议你们可以在数据和管理能力提升之后，逐步向复合制转移，加强对员工的过程管理，增加他们对企业的认同感。

1.2 出现薪酬倒挂怎么办

如果你们团队采用了承包制之外的任意一种薪酬制度，那么，工资的固定部分都可以和员工的职级进行挂钩。也就是说，专员、主管、经理，分别对应不同的职级工资。

需要提醒你的是，每个职级的工资都可以设置一个"带宽"，也就是在入门级和上限之间浮动，而非某个具体金额。举个例子。某家企业主管职级的工资是 8000 元—12000 元，也就是说初级主管的入门工资是 8000 元，高级主管则有可能达到 12000 元。

由于这种"带宽"的存在，就会出现薪酬倒挂。比如，这家企业初级经理的工资可能是 11000 元，比高级主管还低。这完全是合理的，因为不排除有些高级主管已经在公司干了 10 年，出于种种原因升不上去，但公司还是认可他的贡献；而那位初级经理有可能晋升得快，总共才工作了 8 年。但是，经理职级的工资上限可能是 20000 元，未来随着资历增加，那位初级经理的工资也会相应地提高。

职级之间出现了薪酬倒挂还比较好理解，真正困扰团队管理者的，是同一岗位、同一级别的员工出现了薪酬倒挂。这两位员工，一位在公司干了多年，一位刚刚加入，结果新来的那位工资比老员工还高。如果你不给老员工加薪，那么，一旦薪资的信息外泄，老员工心里就会非常不平衡；如果你给老员工加薪，公司可能又会担心打破整个团队的薪资架构，因此不同意。

在这里，我建议你做两件事：

第一，如果你们公司并没有大公司那样完善的薪酬体系，你可以认真调研一下目前市场上这个级别的工资情况——如果的确是老员工的工资普遍低于新人，那么，不应该掩耳盗铃，而要借这个机会把他们普调工资的需求汇报给公司。

道理很简单：人往高处走，就算他们不主动去打听薪资情况，猎头、招聘网站，以及圈子里的信息也迟早都会传进他们的耳朵。

第二，如果公司现有的薪资架构暂时不会做重大调整，你可以调整一下新员工的工资结构，把基本工资部分和老员工拉齐，其余部分作为一次性签字费[1]或干满3年的留任奖金发放。

如果你刚刚接手一个团队，历史遗留的薪资问题比较多——同级别工资差距大、绩优绩差员工工资差距小，等等，你可以借鉴表4-2，利用每年一次的调薪机会，逐渐扭转现状。

表4-2 调薪示意表

绩效评级 \ 工资水平	同级别相对靠后	同级别居中	同级别相对靠前
优秀	涨30%	涨15%	涨7%
中等	涨15%	涨7%	涨3%
较差	不涨	不涨	不涨

---

1 面试通过、谈薪酬时，作为吸引条件给候选人的一次性费用。

当然，这张表中的涨幅仅用于举例，具体数字要参考你们公司人力资源部给出的指导。

划重点

> 和下属谈加薪，要搞清楚到底该提升哪一块：
>
> 职级对应基本工资，绩效表现对应绩效工资，经营结果对应奖金，特殊贡献对应奖励。

管理动作打卡点

▼

对你的一位下属进行一次薪酬评估，找出他进一步提高收入的突破点。

2 奖金奖励：如何解决激励失效的问题

> 天下大务，莫过赏罚。赏一人使天下之人喜，罚一人使天下之人惧，苟二事不失，自然尽美。
>
> ——《资治通鉴》

解决了基本工资部分，新问题来了：奖金该怎么分？作为团队管理者，你拿到手的团队总奖金包往往是一个固定值。手心手背都是肉，给谁多给谁少就是个让人非常头疼的问题了。

奖金是工资结构中的激励因素，一旦没有设计好，就容易踩中以下三种雷区。

第一种：没规则，会哭的孩子有奶吃。

如果一个团队缺少公平、公正、公开的奖金分配方案，就容易滋生"潜规则"，比如，靠和上级搞好关系、溜须拍马获得更高的收入。

第二种：只看个人，导致内斗。

不少公司简单粗暴地把大团队分成若干个小团队，各自独立核算。为了自己能多拿钱，小团队自私自利、偷工减料，团队之间互相扯皮，凭空增加了管理成本。

第三种：一切向钱看。

奖金，顾名思义，是用来奖励一种行为结果的。那么，如果奖励的只是为钱而工作的人，你就会得到一支杀鸡取卵、急功近利的团队。

所以，在设计分配原则时，我们不但要考虑整体利润，还要考虑员工对团队的贡献、对流程建设的贡献、对客户的贡献等。虽然用的是物质手段（收入提升），却要起到额外的非物质激励作用(荣誉感、凝聚力等)。

2.1　三类代表性岗位奖金设计方式

关于奖金（如无特殊说明，本节的奖金都以年终奖为例)、奖励这部分激励因素，我有三句口诀：

算法先行纯数字。管理者应该在年初就把年终奖的计算公式公之于众，团队成员代入数字，就可以大致知道自己的最终数值，避免人为参与、情感因素对分配的影响。就算个别员工有质疑，针对的也应该是算法的系数，而非最终依据算法得出的分配结果。

团队分在个人前。分配的顺序应该是从公司到团队（团队管理者所负责的部门），到小团队，最后到个人。就算个人做得再好，他的收入也会因为团队的表现而受到影响。这样做，可以帮助大家建立"大河有水小河满"这个价值观。如果直接分到个人，则可能形成个人主义。

评价维度要平衡。在为员工奖金分配进行绩效评分时，也应该借鉴我们在"绩效考核"部分提到的"多快好省"法则，同时兼顾长、短期业绩指标的平衡，而不能仅仅考核最终的利润分成。

基于这三句口诀，我们以小团队管理者、业务团队员工和支持团队员工三种比较有代表性的岗位为例，来设计一下他们的奖金分别该怎么发。

小团队管理者像一个个小火车头，带动着团队向前行驶。一方面，他们身上多了带团队的职责；另一方面，他们往往不像团队管理者那样，可以从业务中脱离出来，全职从事管理工作，而是自己还有业务在手。所以，他们的奖金分配，要兼顾他们个人的绩效表现和他所负责团队的绩效达成情况，进行评价指标的平衡。

你可以这样计算：

奖金 = 奖金基数 ×（个人绩效达成率系数 × 50% + 所辖团队绩效达成率系数 × 50%）

这里的奖金基数，可以是一个月的工资，也可以是人力资源部折算后分配下来的个人奖金包。个人绩效达成率和所辖团队绩效达成率则一般分为好、中、差三档：表现好，系数就是 1.2；表现达标，系数是 1；表现不达标，系数就是 0.8。

举个例子。小明负责运营部活动运营团队，他的月薪是 10000 元。他个人所负责的客户业绩达标了，个人绩效达成率的系数我们给他 1，而他所辖的整个团队业绩并没有达标，团队绩效达成率的系数我们就只能给他 0.8。那么，小明最终的奖金就是 10000 × （1×50%+0.8×50%）=9000 元。

如果业务团队的基层员工采用了提成的方式计算年终奖，那么除了兼顾团队的完成情况，我们还要注意避免"躺在功劳簿上"这种现象。

比如，一名负责商务拓展的员工，几年来开发的客户已经可以每年稳定地贡献五六十万元提成，那他显然不会有太大的动力去开拓新客户，干那些"脏活累活"。如果整个团队都更愿意"守江山"，而没有人去"打江山"，事业就很难做大。

所以，我们可以采用"增量加速，存量打折"的方式，不断减少往年业绩基数带来的影响，鼓励他开拓新业务。这类业务导向的员工奖金计算方法如下：

奖金 = 存量业绩 × 奖金系数 × 减速系数 + 增量业绩 × 奖金系数 × 加速系数

存量业绩 × 奖金系数好理解。比如，小马手上有个 300 万元采购额的大客户，假设公司奖金系数为 0.1，按过往的算法，每年就可以稳定地给小马贡献 30 万元的提成奖金（300×0.1）。但这样算奖金的话，小马有可能就没有太大动力去开拓新客户，只要稍微做些关系维护就好了。而有了减速系数，假如设定为 0.8，那么存量奖金部分就会减少为 300×0.1×0.8=24 万。反之，如果小马锐意进取，不仅稳住了存量，还有 100 万元的销售增长，那么我们就可以给小马一个加速系数"2"，则他总共就可以获得 24+100×0.1×2=44 万的奖金。当然，你还可以多设置几档存量、增量的调节系数，表 4-3 供你参考。

这样设计的好处在于锁死了团队的增长底线——如果团队或个人不思进取，以前的功劳簿就会彻底作废。

如果是支持性部门，团队里既有高职级，也有低职级，同时并没有进一步分成小团队，该如何计算奖金呢？

比如人力资源团队，里面既有招聘经理，也有培训主管，彼此不是汇报关系，而且也没有那么多业务数字可以计算。这时候，你

意愿篇

表4-3 个人奖金调节系数

存量减速系数	增量加速系数
90%＜今年业绩/去年业绩≤100%，系数为0.8	120%≤今年业绩/去年业绩，系数为2
80＜今年业绩/去年业绩≤90%，系数为0.6	110%≤今年业绩/去年业绩＜120%，系数为1.4
今年业绩/去年业绩≤80%，系数为0.5	100%＜今年业绩/去年业绩＜110%，系数为1.2

可以试一下职级权重法。算法如下：

奖金＝团队总奖金包×（个人分配系数得分/全团队分配系数得分）

其中的个人分配系数得分由员工的月基本工资与绩效得分相乘算出。而所有员工的个人分配系数得分加总起来，就是全团队的分配系数得分。员工的奖金，取决于自己的个人分配系数得分占全团队分配系数得分的比重有多大。

例如，某公司行政部员工小李的月基本工资为16000元，因为绩效表现较差，上级给了他0.8的绩效分数，换算成个人分配系数得分即16000×0.8=12800分。

以此类推，如果全团队可以得到共计20万分的分配系数得分，而团队的总奖金包为10万元，那么，小李最终可以获得100000元×

表4-4 某公司行政部奖金计算示例

	小李	小红	小明	……	……	团队总计
月基本工资（单位：元）	16000	15000	12000			
绩效等级	较差	中等	优秀			
绩效得分	0.8	1	1.2			
个人系数得分	12800	15000	14400			200000
个人奖金（单位：元）	6400	7500	7200			100000

（12800分/200000分）=6400元的年终奖。

反观另外一位员工小明，虽然他资历浅，基本工资只有12000元，但是，由于他的绩效得分达到了1.2，换算下来，他就可以获得100000元×（14400分/200000分）=7200元的奖金（见表4-4）。

当然，绩效等级与绩效得分之间的关系是可以变化的。如果你认为绩效差的员工只能得0.5分，甚至是0分，都没有问题。得分的设计，体现的是你作为团队管理者对于绩效的价值判断。但是，一定要记得在年初就把规则跟大家讲清楚，千万不能中途更改，那样将严重伤害士气。

如果你团队的总奖金包不和月基本工资挂钩，而是以项目奖的形式给到团队，那么，我建议你参考第 104 页的项目加权法考核表，用项目贡献加权得分作为标准，把这笔钱给分配下去。

如果你的企业不是发奖金包，而是用 ABCD 给员工分级，比如评为 B 级的发两个月年终奖，A 更多，C、D 更少，那么你需要注意：

第一，各级比例要合理，不能全是 A。可以按照类似 1:7:1:1 的比例进行强制分布；

第二，平时要和下属及时沟通他们的评级可能，管理他们的预期，避免出现心理落差；

第三，和你的直接上级一起对你的下属进行评价，做到两级管理，避免看人走眼。

2.2　物质激励也要直达人心

是不是把奖金分好就万事大吉了呢？当然不是。使用物质激励，并不等于忽略物质激励在非物质方面的影响，物质激励同样也能带给人荣誉感。比如说，团队管理者容易忽视的"奖励"。

一般而言，奖励分两种：

一种是年底金额较大的奖励，类似于公司级别的总裁特别奖、十佳员工等。这类奖励通常由公司颁发，奖品可能是现金，也有可能是车贴、房补等。

另外一种是我要在这里重点介绍的，也就是团队管理者可以操作，但又常常被忽视的"日常奖励"。年终奖励虽然影响力大，但毕竟得到的人少，而且要等的时间太长；而日常奖励，则让你无论何时都可以表彰、激励员工。奖励的原因，可以小到某个员工帮助团队节约了某笔不必要的开支，也可以大到某个小团队完成了业务上的一个小里程碑，等等。

关于日常奖励，你需要把握三个原则：奖励不过夜，人人看得见，弱化交易感。

奖励不过夜，是指团队管理者要实时发现团队中的好人好事，并且不要拖延，尽量立刻进行表扬、鼓励。工作中出现懈怠是常态，这时候，来自上级的及时正向反馈，可以帮助员工调整为正向、积极的心态。

当然，"不过夜"只是打一个比方，如果确实没有这个条件（比如团队平时在外面跑，不经常进办公室），那么，也应该做到每周或每月有一个正式的、统一的表彰窗口。

人人看得见，是指日常奖励不要只是"悄悄地"把奖品发给某位员工，而是要"敲锣打鼓"，让整个团队都能看见，这样才能更好地发挥榜样的作用。

弱化交易感，是指在选择"奖励"背后的奖品时，尽量不要直接和钱挂钩。比如，一名员工出色地完成了一个特别大的挑战，这时候，你给了他 20 块钱，员工的感受很有可能是：难道我是为了这 20 块钱而努力工作的吗？哪怕送他一杯 20 元的咖啡，也比直接给钱要好得多——记住，虽然我们用的是物质奖励，送的却是背后的心意。

我的一位合作伙伴采取了一种非常有特色的做法：他们的员工大部分在线上远程工作，用项目的方式组合成一个个临时的团队。每位项目成员的贡献，都会公开在系统上显示（人人看得见），团队负责人随时会给表现优异的项目成员颁发"棒棒糖"（奖励不过夜），到了年底，这些"棒棒糖"又能用来兑换奖品（弱化交易感）。

最后，**分享一个可以在奖励员工时搭配的表扬句式：过去 + 现在 + 未来**。

也就是认可员工在过去一段时间的某个动作表现，指出他现在对团队的价值和意义，并对他在未来的工作提出更高的期望。

举个例子：小张，你在上周的国庆活动策划中，从顾客的角度出发，找出了三个以前团队忽视的体验点并进行了改进。这为公司提倡的"以客户为中心"的价值观做了一个非常好的榜样。期待你在接下来的"双十一"活动中，把你的顾客体验提升方法分享给更多团队。

划重点

1. 奖金分配有三句口诀：算法先行纯数字，团队分在个人前，评价维度要平衡。

2. 日常奖励需要把握三个原则：奖励不过夜，人人看得见，弱化交易感。

管理动作打卡点

▼

组织一次日常奖励，及时表彰一位上周表现优异的员工，并给他颁一个奖。

二、发展激励

很多公司都会让员工做年度甚至季度的工作总结回顾，但这个动作往往容易成为走过场——业绩好的，明年业绩目标更高；业绩不好的，继续加油，甚至有被开掉的风险。这样就把公司和员工对立了起来。

如果这种阶段性回顾是以达成"心理契约"为目的，员工就会意识到，其实他是在为自己而工作，和公司是双赢的关系——个人能力或者职业发展了，可以带来更好的业绩，或者晋升到更高的职位，间接地在未来带来收入的增长。

所以接下来，我会向你介绍一个名为"个人发展计划表"的工具（见表4-5），帮助你从能力和职业两个层面对员工进行发展激励。

每年年底，你可以让下属自己先行填写这份表格，再由你在他的内容基础上进行补充和批改。之后，你再用一小时左右的时间，就这份表格和他进行一对一的谈话，并用书面的形式把达成的共识记录下来。未来的一年，你们需要每个季度沟通一次，对发展计划表进行回顾，并根据实际情况进行调整。

这份个人发展计划表其实是对普通工作汇报表进行了改良，它由四个部分组成：

第一，工作回顾。这个部分与大多数公司的年终考核类似。值得注意的是，我把员工过去一年对组织发展做出的贡献也列在了这里，要求员工进行回顾。为建设团队而做出的贡献也应该被视为个人业绩。只有这样，员工才会切实地把组织发展这件事放在心上。

第二，个人优点和机会点分析。第一部分的工作回顾，除了能够用来评价员工的工作进展和表现，还有一个关键作用，就是帮助员工认识自己。你可以和下属一起找出他的优点、机会点，并记录在个人发展计划表的第二部分。

第三，职业兴趣探索。这个部分，可以请员工思考一下，他对自己短期（1—3年）、长期（3—5年）的职业发展方向有什么计划；如果请他排序，岗位、职级、薪资、工作地点、行业等，他最看重什么。

第四，下一步计划。对于员工下一步的发展，团队管理者和员工要达成可行动的共识。员工需要符合什么条件，才能晋升/轮岗/调动？如果符合了这些条件，什么时候才能晋升/轮岗/调动？上级会通过哪些项目来帮助员工发展？等等。在对这些问题达成共识之后，把它们记录下来。

接下来的两节，我们重点探讨一下这份表格中最容易被团队管理者忽略的第二部分和第三部分。

表4-5　个人发展计划表

个人信息

姓名	部门	当前职位	直属上级

第一部分　工作回顾

描述你完成的与业务、组织发展相关的成就。要求描述具体、可量化，至少5条

直属上级打分及点评	
	5　4　3　2　1

第二部分　个人优点和机会点分析

请参考第190页的软技能卡片，充分理解自己岗位对能力的要求，然后填写你当前的优点和希望提升的机会点

优点（3个）	成就事例	直属上级打分
		5　4　3　2　1
		5　4　3　2　1
		5　4　3　2　1
机会点（2个）	这个不足如何影响你的绩效表现	直属上级打分
		5　4　3　2　1
		5　4　3　2　1

第三部分　职业兴趣探索

请描述个人短、长期职业发展目标

直属上级意见和建议

第四部分　下一步计划

列出你在明年一季度和全年的业务及组织方面的绩效目标，以及自我提升目标。最终目标会由上级和你协商后确定

时间	业务方面目标	组织方面目标	自我提升目标
一季度			
全年			

直属上级意见和建议

直属上级点评及年度考核结果

　　　　　　　　　　　　　　　优秀　良好　及格　不及格

1

用人所长：为什么短板理论不适用于现代职场

> 尺有所短，寸有所长；物有所不足，智有所不明。
>
> ——《楚辞》

1.1 扬长避短，而不要只盯着短板

有不少团队管理者迷信"木桶理论"。这个理论是说，一个木桶能装多少水，不是由长板决定的，而是由短板决定的。这意味着，决定一个人竞争力的，是他身上最弱的部分，而不是最强的部分。所以，他们在看自己的下属时，总是盯着短板看，感觉下属"这也不行，那也不行"。但他们越是想帮助下属改掉缺点，越会发现下属的缺点根本改不完。而下属们长期在这样的高压状态下工作，就会滋生一种"手脚不知道该往哪里放"的自信缺失感，导致绩效的恶性循环。

在分工不细、合作较少的时代，也许木桶理论有一定的合理性，但是在现代职场中，人与人之间高度分工、合作，并非每个人都是一个"木桶"，而是所有人组合在一起成为一个"木桶"。所以，更重要的是让每位员工的优点发挥最大效用，至于他们的缺点，只要不是原则性的问题就没关系。

而且，在每个人身上找出一两个优点来发挥，难度要远远低于

补齐所有的短板。试想一下，一个团队 30 号人，在任何一个领域总能找到一个第一名，也就意味着每位员工总有 29 块比他人差的"短板"要去补齐，这基本上是不可能完成的任务，与其费这个力气，还不如努力让每位员工找到属于自己的那个优点。

员工如果始终无法从事自己擅长的工作，产出会大打折扣。著名调研公司盖洛普曾经对 1000 万人进行调研，问他们是否发挥了自己的优势。结果发现，大约有 700 万人没有机会做擅长的事情。而如果不专注于自己的优势领域，全身心投入工作的可能性会降低 500%。[1]

1.2 三步走，发现下属的优点

既然发挥优点有这么强大的作用，那团队管理者该怎么去挖掘下属的优点呢？

我和你分享一段我自己的亲身经历。

我在做大客户销售的时候，一度陷入了迷茫期。按照我的性格特质，我对冲突的忍受力是非常低的，但是我的工作又要求我必须面对客户采购人员严苛的谈判攻势。对方每次运用谈判技巧来质疑我的报价、方案、条款时，我都会陷入精神内耗。给客户让利吧，我觉得对不起公司；咬死底线吧，我又觉得对不起客户。好在我有一位知人善任的上级，他及时发现了我的状态，于是就和我坐下来一起解决这个问题。

---

[1] [美] 汤姆·拉思：《盖洛普优势识别器 2.0》，常霄译，中国青年出版社 2012 年版。

听完我的疑惑之后，他并没急着和我讲道理，而是让我回忆自己在和客户互动时最有成就感、最开心的时刻。我说："发现客户的生意机会点，然后说服他们听取我的建议，是我最大的成就感来源。"

这位上级敏锐地捕捉到了这个信息。他建议我："既然应对冲突不是你的优势所在，就不要把谈判简单地定义为尔虞我诈、唇枪舌剑。就把它看成给客户上课，发挥你善于分析、沟通的优点，找到生意增量的机会点，实现双赢。"

下一次去拜访客户之前，这位上级亲自审阅、批改了我的销售资料，和我做了一次情景模拟。果然，这次客户拜访一改以往的谈判气氛，虽然客户嘴上依然不依不饶，但是我对生意的分析洞察，已经足以打动他们接受我的方案。

回来之后，上级乘胜追击，让我把这次拜访总结成案例，在团队内部做了分享。这再一次让我对自己的生意分析和沟通说服能力树立了自信。

现在总结起来，我这位上级当时采取的方法依次可分为三步：**探索优点、巩固优点、放大优点**。

首先是探索优点。你可以先让下属从过去一年最有成就感的工作中，总结出自己的三个优点。有些团队还会让员工邀请和他有紧密工作关系的合作伙伴给他做一个 360 度反馈[1]，听听在别人眼中他的优点是什么。至于哪些优点可以纳入考量，建议你参考软技能卡片（第 190 页）上的信息。然后，你再来引导下属去探索他真正擅

---

[1] 与只有直接上级一个维度的反馈不同，这种反馈邀请员工的内外部合作伙伴、上下级进行全方位反馈，因此得名 360 度反馈。

长的工作或最具优势的技能。如果下属不能准确概括自己的优点，你可以把自己想象成一名面试官，通过不断提问，让对方把当初取得成就的过程讲清楚。

我曾经的一名下属认为自己特别具备创新意识，提出要转岗去一个创意型部门。在和他进行回顾谈话之前，我也知道他确实在一些创新项目上有不错的成绩。但在仔细听完他的汇报后，我意识到，其实他擅长的是"计划执行"——做好计划、把控节点、持续改善，最终把创意落地，而不是提出创意。

通过对案例细节的追问，帮下属准确地总结优点，是为了鼓励他在未来的工作中充分发挥真正的优点，得到更好的发展。而且，将来给他布置任务、调配岗位的时候，你也可以有的放矢，让他做出更好的业绩。

第二步是巩固优点。一般而言，下属对自己能力的认知是有局限性的，即使你指出了某个优点，他们自己也未必认同。所以，你需要安排他们完成一些特定任务，强化他们对优点的理解和认可。比如，组织敏锐度高的员工，你可以给他们安排团队建设的工作；擅长关系建立的员工，你可以多让他们做一些外部沟通、建联的工作。一旦他们取得了早期成果，你需要及时对他们进行肯定和表彰，进一步建立他们的信心和认同。

第三步是放大优点。这样既可以把对他们的激励最大化，形成一个正向的反馈，也可以在团队里给其他员工树立榜样。你可以请他们通过案例沉淀、经验分享、辅导带教等各种方式，把自己找到优点的经历传播开来。

说完了优点，还有缺点。

既然是要用发展来激励员工，自然就不能只看见优点，尤其是在缺点严重到影响绩效的时候。不过，比起"缺点"这个词，我更愿意用"机会点"。

缺点在我看来，是一个静态的词、一个以偏概全的标签；**而人身上的每一个缺点，其实都是能力提升的机会点**，是动态的、发展的、具体的。

比如，在和下属沟通时，对他说"你可以在了解客户需求方面做得更多"，就比给他贴"你不懂沟通技巧"这个标签好；对他说"你以后在思考问题的时候，要多从业务全局出发"，就比说他"过度纠结于细节"好。

当然，需要提醒注意的是，有些所谓的缺点并没有限制下属的发展，就没必要拿出来说了——如果总盯着短板，那我们永远都可以把一个人说得一无是处。

和优点一样，在总结出员工的机会点之后，你也需要安排一些具体的任务计划，让员工通过完成任务，把对机会点的改进巩固下来。

划重点

1. 员工的特质很难改变，要扬长避短，而不要只盯着短板。

2. 提炼优点可以三步走：探索优点、巩固优点、放大优点。

3. 员工身上的每一个缺点，其实都是能力提升的机会点。

管理动作打卡点

▼

试着帮一位下属找出一个优点,并在接下来的这个季度给他安排一些任务来巩固这个优点。

2

职业规划：如何帮下属探索他的职业兴趣

员工加入因为公司，员工离开因为上司。

——管理谚语

要想驱动员工自发、自觉地工作，"职业兴趣"（或者称之为"职业发展动机"）扮演了一个极为重要的角色。**员工只有意识到认真工作其实是在为自己的职业生涯负责，才能够真正地自我驱动。**

我辅导过一家知名技术公司的企业数据服务团队。有一件事始终困扰着这个团队的管理者：他们这个团队的研发工程师，总爱跳槽去公司的另外一个团队——消费者业务团队。一名研发工程师的培养周期长达 5—7 年，结果刚上手就流失了，对团队产出的损害极大。因为公司有规定，如果员工想在公司内部换工作，上级不能阻挡。为了留住员工，他们只好不断地给个别优秀员工升职加薪，结果这部分员工因为短期发展特别快，心态容易膨胀，反而更容易被挖走。

通过调研，我发现，研发工程师们跳槽的主要原因，就在培养周期长这件事儿上。

企业数据服务团队的岗位特点，要求研发工程师既得懂技术，又得懂项目管理、客户关系，还要有商业意识，对人才的要求非常之高，所以培养周期自然短不了。而消费者业务团队因为面对的是消费者个体，研发工程师通常只需要技术过硬就够了，上手比较快，员工价值也容易被看见。所以，人才内部跳槽也就不奇怪了。

不过，培养周期长其实是一把双刃剑。企业数据服务团队的研发工程师岗位，在员工的整个职业发展路径上，扮演着"CTO训练营"的重要角色。你想，一位合格的CTO，除了技术过硬，必然需要以客户为中心的商业意识。而企业数据服务团队刚好给了研发工程师这样的锻炼机会。

但是，由于缺乏沟通，很多致力于成长为CTO的优秀技术人才，都因为短期的机会干扰而中断了自己的发展之路。这对公司和员工来说，其实是一种"双输"。

于是，我们发起了对该岗位职业发展通道的定期宣讲活动。两年后再次回顾时，我们发现，该团队不仅稳定度大幅提升，更重要的是，愿意留下的员工，都是真正想走CTO这条路的，工作积极性比以往有了很大的提升。

2.1 员工职业发展管理

我相信，你的下属应该和你说过以下三类话。

第一类：

"老板，我觉得销售这个工作没意思，想去做市场。"

"老板，我同学都做到招聘经理了，我才是个主管，现在有公司挖我。"

"老板，我觉得在我们公司学不到东西了，我想出去看看。"

这类对话背后的根源，是他们不知道自己未来有什么发展，离开公司之后自己的市场价值如何，是更有前途，还是没什么竞争力。于是，他们只能凭着自己的一知半解做出短期的决定。

第二类：

"老板，我也不知道自己喜欢什么，就是工作没劲。"
"老板，我想加工资，但我不想换城市也不想晋升。"
"老板，我想晋升做主管。"

这类对话背后的根源，是员工不知道自己的动机，或者动机太多，什么都想要，对公司有不切实际的期望。

第三类：

"老板，有公司来挖我，答应给我加薪15%。"
"老板，这个任务和我关系不大，我不想做。"

这类对话背后的根源，是员工没有看到现在的工作和未来的发展之间是如何联动的，没有形成"为自己的发展而工作"这个闭环，结果就是要么谁给的工资高就去谁那儿，要么能推就推，少做少错。

针对上述三类问题，**我们可以把员工职业发展管理这件事情分为三个步骤：职业价值彰显、职业兴趣探索和职业发展行动计划形成。**

首先，团队管理者要做好职业价值彰显。也就是说，团队管理者要让员工看到这个岗位到底有什么公司内外部价值、它的发展路线是怎样的。

在职场上有个有意思的现象：员工很容易因为手头工作的一些挑战，"矮化"自己的工作，羡慕别人工作的光鲜亮丽。 比如，销售会觉得自己就是个耍嘴皮子、跑腿的，又辛苦又累，看人家 HR，人前人后多风光。而 HR 会觉得自己在公司地位不高，就是坐在电脑前敲表格，看人家销售收入多高，还能和客户直接对话。

怎么解决这类问题呢？在员工入职之后，团队管理者需要把这个岗位 5—10 年的职业发展路线向员工介绍清楚。诚然，现代职场很难要求一个员工在一家公司干 10 年，但是，如果能从 10 年的视角拉长去看，员工会发现很多眼前的挫败其实都不算什么，并且，他们将逐渐明白这份工作对自己的长期发展而言究竟价值在哪里，从而避免为了短期利益而跳槽的情况出现。

在介绍职业发展路线时，作为团队管理者，你可以从回答以下 8 个问题入手：

1. 这个岗位在公司扮演的角色是什么？上下游部门分别是什么？
2. 这个岗位的客户是谁？如何为他们创造价值？
3. 从晋升的角度看，这个岗位晋升到主管、经理、总监一般各需要多少年？
4. 从薪酬的角度看，这个岗位如果能晋升到主管、经理、总监，市面上的平均收入分别是怎样的？
5. 除了晋升之外，这个岗位还有怎样的发展路线？是否可以转岗或走专家路线？
6. 这个岗位目前在市场上的榜样人物是谁？他的履历是怎

样的？

7. 做好这份工作需要的知识、技能有哪些？

8. 如果想向上发展，除了学习好本岗位的知识、技能，还有哪些经验是必备的？

团队管理者还可以邀请相关领域的大咖、前辈，来给团队做关于职业发展的讲座，帮助职场新人了解职业发展路上的可能性、不同工作背后的苦与甜。比如，我就曾经以连续创业者的身份，受邀回某家前公司和几个团队进行过交流。我当时的观点非常坦诚：并不是所有人都适合离开大平台去创业。

其次，团队管理者要对员工的职业兴趣进行探索：职业兴趣由短期和长期的发展愿景组成。个人发展计划表中专门设计了这个模块。一般我会先问问下属未来 1—3 年想做什么，然后再听听他 3—5 年的长期规划。5 年以上的规划，指导意义不是特别大。

职业兴趣需要考虑的因素主要包括：**岗位、职级、薪资、工作地点、行业等**。你可以就这些方面，逐个让下属回答他的期望和目标，最后让他对这些方面进行强制排序。这样，可以帮助下属和你了解他最想要的是什么。

最后，团队管理者要和下属一起形成职业发展行动计划。前面谈到了职业发展路线，还谈到了员工的长短期职业兴趣，作为团队管理者，你要引导员工把手头的工作和这两者相结合。

比如，你有一名能力特别强的下属，提出两年后要出去创业。按照传统的管理方式，团队管理者要么会尽力劝说他放弃这种想法，要么就从此把这名下属边缘化。但我建议你和下属开诚布公地进行讨论。可以让他考虑一下这些问题：为了他的创业，现在开始还需要准备什么？有哪些工作可以帮助他更好地锻炼自己独当一面？是否可以承担一些原本不在他工作职责范围内的项目，让他更加快速地成长？

再比如，一名员工希望自己未来一年可以晋升，经过你的评估，他已经符合了所有的能力要求，但是还缺少跨部门的经验。你也可以记录下来，把你和下属达成的共识向上汇报，为该下属争取转岗的机会，等等。这里要注意的是，有些公司需要两级上级才能确定人事任免，所以不要在与你的上级达成共识前提早对员工承诺。在计划谈妥之后，你可以把它记录在该员工个人发展计划表（第 234 页）的"下一步计划"这个部分。

2.2　个人发展计划沟通注意事项

在与员工沟通个人发展计划时，有三件事需要注意：

第一，期望管理很必要。

人事任命这件事，很多时候团队管理者不能一个人说了算，所以在与员工沟通时，不要对他过度承诺，避免让他产生不切实际的期待。

我的建议是，对于不能给出确定答复的员工期望，你可以留一个跟进事项，等到正式的人事决定批复后，再和员工二次沟通。

同时，你需要事先把困难说清楚，要求员工自己努力表现，也就是我们常说的"把丑话说在前面"。

第二，正式的沟通要有仪式感。要注意谈话场合和时机的选取，记录也要详细、完整。

有些团队管理者喜欢边吃饭边跟员工沟通。如果是日常沟通，我觉得这样做没问题。但讨论员工未来的工作与发展是件大事，我建议你找个没有人打扰的会议室。

如果需要和多名员工进行沟通，你可以拿出一个整天，停下手头所有的工作，只做这一件事。这样才会让员工看到你对这件事情的重视。

沟通结束之后，你可以让员工根据沟通记录认真填写个人发展计划表，再把你的评语写在后面。

第三，你要少说、多听、多问。

日常工作中，往往都是你给员工布置任务，你说他听。而个人发展计划沟通则是一个让员工说话的场合，即使有再多的想法，也请你先憋住。等员工把他的观点发表完，你再有的放矢。这样可以避免你"一言堂"，导致下属不愿意把真心话说出来。

如果下属超过 10 人，要记清楚每个人的想法就是比较困难的一件事了。我建议，与每位员工都谈完个人发展计划之后，你可以建立一个员工档案，把他们的信息记录下来（见表 4-6）。员工每年的进步都记录在册，你就能清楚地知道，谁，应该用什么样的方式，才能取得更好的发展。这也便于你向上级进行汇报，让你的上级能够一目了然地看到你下属的表现和期待。

表4-6 员工档案

员工姓名	入职时间	上年度业绩评分	本年度业绩评分	三个优点	两个机会点	短期职业兴趣	长期职业兴趣	下一步发展计划	其他
张三									
李四									
……									

划重点

1. 员工职业发展管理分三步：职业价值彰显、长短期职业兴趣探索、职业发展行动计划形成。

2. 和员工谈个人发展计划时，要做好期望管理，要有仪式感，并且少说、多听、多问。

管理动作打卡点

▼

和一名下属聊聊他的短期职业兴趣，并请他进行排序。

三、情感激励

1
团队建设：如何提升团队战斗力

人在一起叫聚会，心在一起叫团队。

——职场谚语

有位客户跟我提到一个困惑。他说，他们公司有一条制度——晚上加班到八点之后，公司可以报打车费，第二天还可以按 1∶1 的时间调休。于是就有员工利用这个制度，六点下班不走，磨蹭两小时。等蹭完打车费，第二天早上还能迟两小时到公司。可他们公司是服务型乙方，客户九点就上班了，找他们对接工作的时候，总是找不到人。

你可能会说，这是他们公司的制度设计有问题。的确，制度上的漏洞需要弥补。但制度永远不可能做到 100% 完美。而且，靠制度管理人，有时候下再大功夫也解决不了问题。

我给你一个团队战斗力的公式：

团队战斗力 = 彼此信任度 × 目标一致性 × 斗志

团队的战斗力，其实无外乎来自三个方面：彼此信任了，才能好好合作；目标一致了，才能力往一处使；每个人都有斗志，团队才有斗志。那么，怎样才能提升团队的信任度、目标感和斗志呢？你需要掌握的，是如何对团队进行情感激励。团队成员彼此之间的信任，无法用钱买到，目标一致的前提是情感的认同，斗志更是需要用非物质的方式去提升。这个时候，团队建设就显得特别重要了。

很多人觉得，团建就是公费吃吃喝喝，有时候可以再来一些户外活动，出去一起玩一玩。其实并非如此简单。不同的团建，解决的是不同维度的问题。

这一节，我将教你用三种团队建设的方式来做情感激励：朋友的团建（解决信任问题）、队友的团建（解决目标问题）和战友的团建（解决斗志问题）。

请先填写团队战斗力自测清单（见表4-7）。填完之后，我们再往下看。

1.1　朋友的团建

表4-7这张团队战斗力自测清单一共有9道题，如果你的前3道题平均得分低于3分，那么你就要小心了：你的团队，现在还处于公事公办的状态，团队成员之间没有任何情感连接。

这样的团队，成员彼此不熟悉，就像齿轮之间少了润滑剂，经常为了一些鸡毛蒜皮的小事争吵。下属想离职，团队管理者往往是最后一个才知道的。

怎样才能打破这种僵局呢？大家要想干到一起，首先要能玩到一起。这时候，我建议你用"朋友的团建"来解决问题。这是一种让彼此从陌生人变成朋友的团队建设方式。

表4-7 团队战斗力自测清单

	团队状态	非常符合（1分）	偶尔符合（3分）	完全不符合（5分）
1	团队成员彼此不熟悉，平时沟通过于客气，一旦遇到分歧，很容易发生争吵			
2	吃饭、休息的时候，下属分成了固定的几拨，不同小队玩不到一起，还有个别同事被孤立			
3	你不了解下属的兴趣爱好，下属也不了解你的，你们在一起聊的话题都和工作相关			
4	你布置任务的时候，下属推三阻四；任务完不成的时候，下属总爱找借口			
5	下属到点儿就下班，不愿意为工作额外付出			
6	下属总是为了各自的KPI争吵不休			
7	下属的主动离职率突然开始攀升			
8	下属对工作出现审美疲劳，提不起兴趣			
9	很多下属都提出要转岗			
	自测得分			

至于是吃饭还是旅游，这并不重要。重要的是，通过活动能不能增进彼此的认识，把散落的一个个员工联结在一起。最好的办法，是从一个大部分成员都感兴趣的活动入手。

我自己创业时就遇到过这样的僵局。当时，我第一次管理以程序员为主的技术团队。在我的刻板印象中，程序员是比较内向的，而且他们普遍比我小 10 岁左右，我跟他们有代沟，平时很难沟通。一次偶然的机会，我发现大家聊起足球时特别有共鸣。于是，我就租好场地，买好队服，组织起了足球队活动：每周五的六点到八点踢一场球。

这件事我坚持了三年。三年之后的某一天，我粗略算了一下，球队成员的离职率，比平均水平低了接近一半。更重要的是，球队的很多人都跟我成了无话不说的朋友，遇到职场上的困惑，也愿意拿出来跟我讨论了。

除了这种日常的关系提升，我还特别推荐一个名为"人生地图"的工具（见图 4-1）。它可以快速呈现彼此的过往，让团队关系迅速升温。

这个工具是这样使用的：

带下属来到一个安静的场所，大家围坐一圈。然后你可以开宗明义地告诉大家：今天我们来做一个分享"人生地图"的游戏，帮助彼此之间增进了解。

接下来，每人发一张 A4 打印纸，请大家将纸横铺，居中画一条横轴，然后把自己经历过的最重要的五件事情，从左到右，按发生的时间顺序写上去。让自己开心、幸福的事，写在横轴上方；让自己遗憾、难过的事，写在横轴下方。离横轴越远，代表这种情感越强烈。

意愿篇

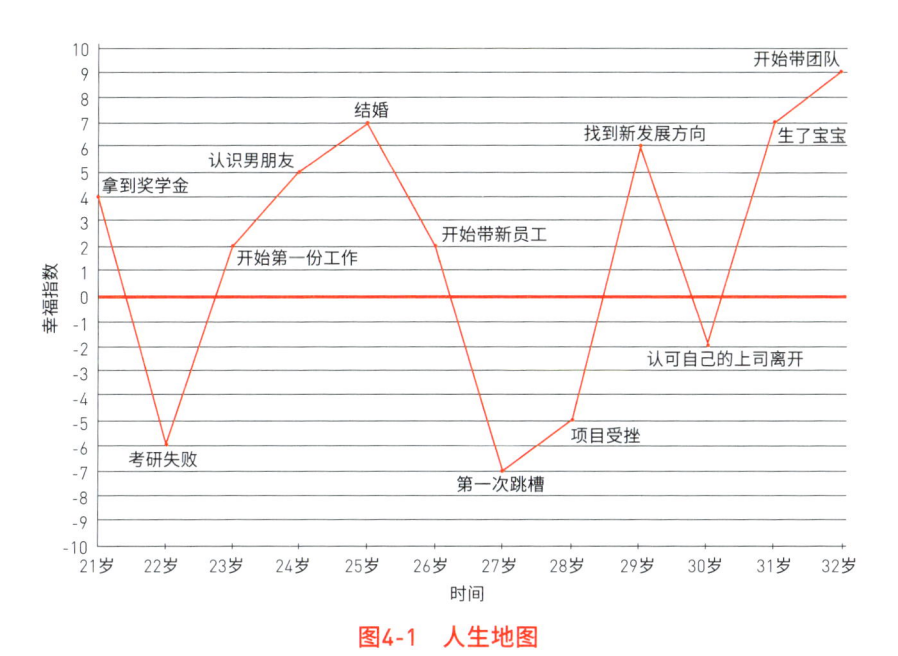

图4-1 人生地图

写完之后，请大家依次分享A4纸上的故事。每个人的分享时间大约在15分钟。所以，如果是个10人左右的小团队，耗时总共会在两到三个小时。多准备些零食，让大家边吃边聊，放松紧张的情绪。

这样的长谈，能够有效地化解团队成员之间的误解和敌意，同时能够让下属们意识到，团队管理者首先是一个有血有肉的人，然后才是他们的领导。在这样的坦诚相见之后，大家之间的化学反应，比起公事公办地上班，是完全不一样的。

我有一位非常尊敬的上级就带我们做过这个游戏。

以前我们总觉得她太过认真：怎么这么严格？为什么老是对我们的工作吹毛求疵？团队的气氛一度比较紧绷。但在那次"人生地图"的分享中，她和我们说起了她经历过的一次生离死别。她说，因为非常庆幸自己从那场灾难中幸存下来，她发誓要珍惜余下的所有时光，不能对任何事马马虎虎，所以她现在才这么认真，甚至有点较真。你看，是不是一下子就让整个团队理解了她对工作的态度，化解了彼此之间的误会？

朋友的团建还有很多手段。比如大家一起做 MBTI 性格测评，互相猜对方是什么类型；或者列出一些问题，彼此来猜对方的答案，像是平时爱看什么电影、最拿手的一道菜是什么、如果变成卡通人物希望变成谁，等等。这里就不再赘述了。总之，让大家熟悉起来、蜕掉工作的外壳是团建的关键。

1.2 队友的团建

如果团队战斗力自测清单上 4、5、6 题的平均得分低于 3 分，你就需要开展"队友的团建"了。这种团建的任务是让团队成员们目标一致。

之所以会出现 4、5、6 题这些情况，是因为团队成员对于工作的意义没有感知。大家只是重复手头的工作，而没有把自己的职业当成事业。

作为团队管理者，你要做的是把工作的意义提炼出来，并且不断宣讲、传达，为团队树立明确的使命和愿景。

使命和愿景听起来很大，我建议你组织团队进行一次讨论，拉齐大家对这两件事的认知：

"使命"是利他的，你需要找到你团队的服务对象，提炼出你为他们创造了什么价值。

"愿景"是利己的，你需要明确你的团队在持续解决这些问题之后，会变成一支怎样的团队。

举个例子。我前面讲到的那家知名技术公司的企业数据服务团队，是为企业的数据安全提供技术支持的。这是非常有意义的一件事。但是，团队管理者从来没有和团队成员沟通过这份工作的意义。大家感觉每天就是加不完的班、干不完的活。于是，我帮他们组织了一次工作坊，把大家召集在一起，探索团队的使命、愿景和目标。

首先讨论的是使命。团队管理者向团队成员们展示了一家家企业数据中心落成的照片，还播放了几个客户录的视频。视频中，客户们向这个团队表达了自己的谢意。有位客户说，我们公司遇到过一次严重的数据安全事件，当时感觉真的要倾家荡产了。生死存亡之际，是你们公司的产品救了我们公司。

团队成员们这时候才意识到：原来我们帮助这些企业解决了这么复杂的数据安全问题，**我们真的为社会创造了价值。一下子，他们就觉得工作有意义多了。**

然后，我帮他们总结出了团队的使命主张——做企业数据安全领域的三峡大坝——既形象，又霸气，获得了大家的一致认同。

讨论完使命之后，就轮到愿景了。大家第一次在一起畅想未来，探讨这个团队究竟做到怎样才算成功。

团队管理者提出：在企业数据安全领域，我们目前只是全国范围内的第三名，希望用三年的时间成为第一名。

这个愿景，让团队成员们第一次了解到原来自己的公司这么厉害，原来自己有机会成为业内第一企业的员工。他们觉得，这肯定能给自己的职业生涯加很多分。

虽然工作坊花了大家一整天的时间，但结束之后，团队成员们的精神状态都明显得到了改善。

另外，特别提醒你要做团队文化外显的工作。比如在文化墙上把使命、愿景、目标写下来，及时更新团队业绩 PK 龙虎板，等等，让大家"看得到"队友的团建。

1.3 战友的团建

如果团队战斗力自测清单上 7、8、9 题的平均得分低于 3 分，说明很多团队成员出现了工作倦怠。这个时候，你就要做"战友的团建"了——让团队成员主动投入、攻坚克难。

怎么打大仗，我就不在这里重复了。我想强调的是，作为团队管理者，你要学会定义胜利，营造团队打胜仗的状态。

如果只把"成为第一"当作胜利的标志，那在现实中是非常难以实现的。即使是像中国女排这样的冠军球队，也不可能次次夺冠。但我非常欣赏郎平教练对于女排精神的诠释："**女排精神不是赢得冠军，而是有时候明知道不会赢，也竭尽全力。**"

对于团队管理来说，也是这样。

大环境不好的背景下，很多团队会面临增长乏力、经营亏损的挑战；在使命、愿景实现的路上，磕磕绊绊再常见不过。很多员工因为暂时的失败而放弃，就在这个时候掉队了，非常可惜。

不过，很多时候，表面的失败并不是真正的失败。比如，竞争对手负增长 10 个点，我们负增长 5 个点；去年我们团队亏损 100 万元，今年亏损 10 万元，那我们算失败还是胜利？答案是胜利。

但是，这样的胜利需要作为团队管理者的你去定义，让大家从不同的角度看问题，才能把士气提振起来。

我之前在某家公司工作时，我们团队砍掉了一条老产品线。从公司的角度来说，这条线不赚钱，也不是战略方向，砍掉是必然的。但是我们团队接近一半的业务都来自这条线，业绩一下子就被腰斩了。

当时，我的上级第一时间告诉大家，他会这样来评价团队今年的业绩：

第一，从所有数据中把老品基数扣掉，让大家轻装上阵。

第二，在考核时，"打粮草"的结果KPI（比如销售额）占比下降；"增肥力"的过程KPI（比如覆盖客户数、转化率等）占比上升。这样，可以激励大家练好基本功。

不仅如此，每当团队取得突破时，那位上级都会给大家写一封热情洋溢的邮件，并抄送其他兄弟部门。邮件中，除了表扬我们的努力，他还会提到我们团队现在遇到的转型困难，以及需要什么样的帮助，等等。

他的这些举动让大家目标明确，而且特别有成就感。所以，虽然每次公司级别的业绩排名我们都会垫底，但团队的士气却比以前顺风顺水时还要高涨。

这就是重新定义胜利的重要性。

划重点

1. 团队的战斗力来自三个方面：信任度、目标一致性和团队的斗志。

2. 团建不只是吃吃喝喝，还可以尝试朋友的团建、队友的团建和战友的团建。

管理动作打卡点

▼

调研团队内哪种运动最受欢迎，组织一次朋友的团建。

2

士气激发：如何提升员工士气

没有什么值得恐慌的，除了恐慌本身。

——美国前总统富兰克林·罗斯福

我刚晋升团队负责人，接管了 30 人的团队没多久，就有两个核心老员工跟我提离职，还有三个同事想转岗。这种情况下该怎么开展工作？

你可能会想，大不了换一批新员工带。事实上，如果刚加入一个团队，你未必有这样的资本——你的上级可能还没有完全信任你，短期内未必允许你大张旗鼓地招兵买马。而你所有的计划都离不开现有团队的执行，怎么办呢？

这时候，稳住士气才是最佳选择。这一节，我就来和你说一说，怎么在"军心不稳"的时候稳住士气，进行特殊时期的情感激励。

首先，要搞清楚为什么团队在换管理者时会出现士气低落的问题。根据我的职场经验，他们的疑虑大体有这么三个：

一、我能适应新上司的工作风格吗？
二、我以前的业绩还算数吗？
三、跟着这个上司，我的职业发展有前途吗？

我把这三个问题称为团队士气的"溃点"。所谓溃点，就是让人崩溃的那个点。

之所以会出现第一个溃点，是因为一些新管理者可能还没有深入团队去调研，就急着按自己的想法或上级的要求去工作。这让他从刚一任职就跟团队对立了起来，很难制订出接地气的计划。

之所以会出现第二个溃点，是因为一些新管理者可能没有经验，把自己和前任的责任切割得明明白白，摆出一副"以前的事不归我管"的姿态。

第三个溃点的出现，则是因为新管理者可能已经在类似的岗位上干了很多年，但业绩始终不温不火，导致了下属的怀疑。

很多管理者在加入新团队之后，会下大力气去搞培训、加工资、开动员会。但这就像面对一个受伤流血的人，不赶快帮他把血止住，反而不断地给他输血，其实是毫无用处的。如果想真正扭转士气，你需要去解决的，是那些会带来不确定性的溃点，这才是成本低、见效快的方法。

2.1 卖自己、卸包袱、找体感

该怎么补上这些"溃点"呢？士气问题源于团队本身，所以你得回到团队当中去解决。我给你三个建议：卖自己、卸包袱和找体感。

先来说第一个溃点：我能适应新上司的工作风格吗？这个溃点源于下属对你的不确定。

面对新任上司，下属会非常关注你是一个什么样的人，有什么样的工作风格，该怎么样去沟通配合。比如，有些人在积极鼓励型的管理者带领下，会更有动力做好工作，但有些人就喜欢跟严厉激进的上司打交道。

一般刚接手团队时，都会有一个简单的见面会。但在这个会上，有些团队管理者只是草草介绍一下自己，或者摆出一副领导做派。这样一来，即使开过了见面会，下属还是拿不准你是什么工作风格，甚至会因为距离感而产生不安。

该怎么解决这个问题呢？我的建议是，要学会"卖自己"。

你可以借这个机会，把自己当成一个品牌，从个人和工作两个维度，向你的下属好好地"推销"一次你自己。**关于如何提炼自己的"卖点"，让团队迅速接纳你，我有一句口诀——"个人要有趣，专业要有用"。**

个人方面，你可以从自己的家乡、教育背景、家庭情况、兴趣爱好等信息中，挑出一些最能代表你个人特质的。要提醒你的是，在这个环节，千万别摆出一副高高在上的样子。建议你尽量用轻松的语气来塑造你的人设，跟团队做好破冰。

举个例子。我咨询公司的合伙人在向新团队介绍自己时，就喜欢突出自己的骑行经历。他曾经一个人从杭州骑行到哈尔滨，一路上遇到了爆胎、钱包被偷、荒野迷路等各种挑战。这些有趣的经历，不仅让人觉得他很有亲和力，还向团队展示了他不畏艰难的人设。

接下来，你要把自己在职场中最成功的亮点展示给你的团队。这个部分千万不要谦虚。这是在给团队一个暗示：公司选我来做你们的领导是有道理的。

展示强者姿态，给团队成员一个追随你的理由，这对提振团队士气非常重要。更重要的是，在这个军心不稳的节点，团队最需要强有力的帮助。而你展示了你的专业度和经验值，告诉他们你能帮到什么，这就是一剂强心剂。

举一个我自己的例子。在我创业做生鲜电商时，有一天，供应链的负责人突然离职。作为一名销售出身的管理者，我不得不接手仓库和配送这些后端工作。面对供应链团队那些工作了十几年的员工，我当时是这样"卖自己"的：

"各位在供应链上比我专业，我需要多向你们学习。不过，我在零售管理、用户体验、电商流程管理等方面，还是都有不少成功经验的。我可以帮助大家把供应链的工作跟前端销售工作更紧密地结合起来，让你们不再只是躲在幕后，让别人都看到你们的付出。"

你看，"让大家的工作更有价值"就是我当时向他们展示的一个卖点。

了解了新领导的工作风格，下属还会关心自己的工作业绩，也就是前面说的第二个溃点——他们对你怎么看他们不确定。他们会担心自己以前的一些小失误会被你追责。业绩优秀的员工还会担心过往的业绩被你遗忘。这些明星员工，更是你要重点稳住的对象。

要解决这个问题，我给你一个工具，也就是我的第二个建议：卸包袱。它可以帮你卸下员工对自己过往表现的包袱，让他们轻装上阵。具体怎么做呢？你可以做三件事：**记心愿、晒业绩和做切割**。

记心愿是说，你要尽快通过一对一谈话，把下属们的需求都记录下来。这个动作看似简单，但可以让下属知道你愿意倾听他们的声音，这对短时间内迅速收获下属信任非常有效。

晒业绩是指，你要第一时间认可团队里的明星成员，多给他们曝光的机会。比如让他们参加一些内部的经验分享会，带他们参加你向公司高层领导做的汇报，请他们给新人做培训，等等。这是在给他们传递一个信号：你们的表现我看见了，所以我会给你们更多的机会。

做切割是说，你要在团队内部开一次业绩回顾会，检讨前一段的工作得失，把影响团队业绩的问题找出来，并且告诉你的下属，哪些不是他们的责任，你会带他们去解决；哪些是他们做得不够，接下来要继续努力。

做完这三件事，下属就卸下了过去的包袱，接下来，你要着眼未来了。下属会考虑个人发展问题，这就是第三个溃点。

一些雄心勃勃的下属会关心：新领导到底懂不懂行？团队之前遗留的问题，他到底搞不搞得定？跟着这个领导，到底有没有奔头？对我的前途有没有好处？

如果你想在短时间内迅速打消下属的这些疑虑，并且收获一群忠实的精兵强将，那么，我会给你提出第三个建议：找体感。你一定要自己上手做一遍，才能在前线被战友们看见。

还是回到我做生鲜电商的经历。刚刚接手供应链团队时，对于一个生鲜仓到底要配多少个管理员，我心里一直没底。按财务的账面数字来算，每300个订单配一个人，做一天休一天，规则好像是合理的，但基层员工却说做不到。所以，总部层面讨论了很久，始终下不了定论。

后来，我自己到现场蹲了一天，发现虽然从账面上看一个人每天可以处理300张订单，但实际上人的精力、体力都是有限的，这种工作强度会让很多简单的操作严重走样。坐在办公室里纸上谈兵，是完全感觉不到这个问题的。最终，真正有效的订单，也就260张左右。

于是，我修改了排班规则，实事求是地把目标改成了 260 张订单，增加了人手，工作效率立刻肉眼可见地提升了——团队日平均订单处理量达到了每人 270 张，而且省掉了无效的返工。最重要的是，整个团队的士气焕然一新——他们看到了我愿意放下身段跟他们一起解决问题，看到了我想真正做出点事的决心，自然愿意全情投入地跟着我干。

"找体感"不是一次性工作。在你就职初期，上手实操可以频繁一些；哪怕你已经驾轻就熟，我也建议你按每月一次的频率去体验下属们的工作。我有一本管理日历，每个月我都会在上面预留一天，用来和下属们一起去做他们的工作，并且让自己被他们看见。

2.2　员工稳定度清单

讨论了这么多办法，全都操练一遍之后，该怎么判断你的团队士气已经走上正轨了呢？这里我再给你一个工具：员工稳定度清单（见表 4-8）。

这份清单总结了员工离职的 17 个信号，每个信号均可以打 1 分、3 分或 5 分：1 分表示完全不符合，3 分表示偶尔符合，5 分表示非常符合。如果某员工近期突然出现了 5 个以上得分大于 3 分的离职信号，或者他的平均分大于 4 分，你就要高度注意了。根据《哈佛商业评论》的一个类似调查，平均分 4.2 的员工，离职率是 3 分员工的两倍。请及时向他们了解情况，判断是否有离职风险。

需要强调的是，这份清单只是给你的提醒。你要做的，只是在某位员工突然释放了多个信号时，对其多加注意。不要把自己变成特务机构，像提防敌人一样去提防员工，搞得人人自危。

表4-8 员工稳定度清单

	员工状态	完全不符合（1分）	偶尔符合（3分）	非常符合（5分）
1	不再致力于长期项目，倾向于接短期项目。			
2	在团队会议上不怎么发言了，也不再提供反馈。			
3	准时上下班，多一点时间也不愿意投入。			
4	对职业发展和晋升不感兴趣。			
5	不再渴望取悦他们的上司或经理。			
6	社交活动猛增。 ——突然更新社交媒体资料 ——发布更多的行业文章 ——获得一个新的学位或证书 ——开始自愿参加行业会议和活动等			
7	突然开始为工作穿得更好了。			
8	家庭发生变故。			
9	突然请了很多天病假或者随机的假期。			
10	和他关系最好的一个员工最近离职了。			
11	工作质量或者效率突然下降。			
12	与客户的关系变得冷淡，不再密切拜访。			
13	在接受任务时出现抱怨、在完不成任务时出现借口的频率增加。			
14	变得更加保守和孤立。			
15	刚刚失去了一次晋升或者加薪机会。			
16	逃避团队或公司的团建活动。			
17	变得神秘。 ——在走廊里打电话 ——在同事路过时突然关闭网页			
	最终得分			

划重点

1. 团队军心不稳的溃点来自三个不确定：对你不确定，对你怎么看他不确定，对你的方法是否有效不确定。

2. 针对这三个不确定，我给你三个建议：卖自己、卸包袱，以及亲自上手"找体感"。

管理动作打卡点

▼

对照员工稳定度清单，回忆某位员工离职时是否释放过离职信号。

四、责任激励

1

立威立规：如何快速"征服"不服管的下属

卒未亲而罚之，则不服，卒已亲附而罚不行，则不可用。

——《孙子兵法》

1.1 快速建立个人威信

我相信，不少管理者在空降到一个新团队时，或多或少都遇到过这样的下属：

给他布置任务的时候，要么直接质疑任务的合理性，要么找各种借口："这个太难了，目标太高了，肯定办不到。"

执行任务的时候，工作质量差，能拖就拖，不到最后一分钟不主动告诉你完成情况。

任务结束复盘的时候，说他几句，他就一个劲儿地推卸责任："都是财务部的问题，运营部也不配合，所以我才搞不定。"

如果放任下属保持这样的工作态度，等于鼓励他们继续消极。甚至他们还可能抱团取暖，把愿意干活的团队成员排挤走，一起孤立你。接下来,"差不多就行"会成为团队的工作标准,做实事的反而成为另类。

这种情况下,挨个谈心做思想工作,或者调整薪酬结构,一般都很难见效。为什么?因为面对你这个新来的上司,下属们还不相信你能带领他们出业绩。只有开始信任你了,他们才能受到刚性的激励。那么,你该怎样快速在下属当中建立起威信呢?首先,你需要知道你应该建立哪种威信。

管理者的威信通常包括三种:职位威信、专业威信和管理威信。先来看第一种,职位威信。你是上司,下属不得不听你的。这就是职位给你的威信。但是这种威信比较表面,见效快,却不持久,下属很容易口服心不服。

第二种,专业威信,是指你的业务能力让大家不得不服。如果你的业务能力很强,当然很好,但业务能力不是一朝一夕就能让所有人看到的,因此专业威信往往需要比较久才能建立起来,也就是说,见效太慢。

我认为,见效快也更持久的是第三种,管理威信,也就是通过管理动作建立你的权威,因为它产生的是由内而外的影响。

比如,我的一位上司刚到我们团队,就和我们约法三章。她说:"我答应你们的事,我一定会办到。你们答应我的事,我希望你们也一定要办到。"她平时不严厉,开起玩笑来甚至给人一种人畜无害的感觉。但是,在为团队争取利益的时候,她一点也不含糊。反过来,一旦有人在工作中没能信守诺言,她较起真来,会让对方恨不得找条地缝钻进去。我们从来不需要做什么表态,但是,一旦确认要实现的业绩目标,那真的是拼了命也要去完成。

所以,判断你有没有真的在团队中建立起威信,光看员工怎么表态是不够的；你还要看大家是不是真的由内而外地在将你的要求付诸行动。

1.2 "四步法"立规矩

该怎样建立起管理威信呢？

首先，我不建议你用简单粗暴的批评或惩罚来立威。心理学上有个"承诺和一致"现象。简单来说，就是人们普遍希望自己在外人看来是言行一致的。如果你劈头盖脸地骂下属："你这个人怎么这么马马虎虎？！"就等于加深了他在"马马虎虎"这件事情上的自我认知，说不定他还觉得自己"马马虎虎"是做事有灵活度的表现。为了证明自己做事灵活，他未来会更加"马马虎虎"。

其次，我也不建议你一来就改这改那，定一大堆条条框框，搞得鸡飞狗跳。万一有些复杂的政策无法落地，或者政策太多跟踪不过来，到时候你就骑虎难下了——改回去吧，下属会觉得你朝令夕改，政策没有延续性；不改吧，一堆没人遵守的规章制度放在那儿，只会不断地侵蚀你的权威。

要想真正建立起你的威信，你可以从"立规矩"这个管理动作开始。你要先给团队立一个容易落地、犯了规容易被发现的小规矩，以点带面，调整队伍状态，建立上级的威信。

"立规矩"具体可分四步走：

第一步，定好"保险丝"；第二步，对齐标准；第三步，让团队公开承诺；第四步，做出调整。

我们先来看第一步，定好"保险丝"。小规矩就像管理威信的"保险丝"。你想，保险丝的特点是什么？成本低、效果明显。一旦电流过量，立刻熔断，从而保护整个电路的安全。举个例子。曼联传奇教练弗格森刚上任的时候，就强力推行"戒酒"这个小规矩，因为他深知酒精会毁掉职业球员。

比如，下属接任务时爱推脱，你就可以要求他不许说"我搞不定这个任务，是因为1、2、3"，而只能说"如果要搞定这个任务，我需要的支持是1、2、3"。

又或者，下属不主动汇报，那就可以定一个规矩：每周写工作周报，并抄送整个部门。

针对下属在复盘时总爱推卸责任这个问题，我的一位上司就立过一个特别有趣的规矩——"No No"——下属汇报时如果提到其他部门，不能出现"No、不行、不对"，总之任何带"不"的负面词都不能说。

这里要提醒你注意，规矩最终是为业绩服务的。比如，有的团队要有很高的纪律性才能出业绩，那么，上下班不迟到就应该是一个规矩。但是，对于从事创意型工作的团队，死板僵化的工作状态反而会让士气下降。

另外，在执行过程中，你还要适时地调整和迭代规矩。确保规矩的难度不要太大，或者执行起来不太复杂，不然大家很容易一不小心就坏了规矩。

第二步，对齐标准。要让一个规矩落地，你要跟你的团队清晰地沟通这三个问题："你为什么立这个规矩？""标准动作是什么？""违反了有什么后果？"比如，你规定"跟其他部门合作时不能说No"，就要告诉团队为什么要这么做，这是为你的规矩确立"合法性地位"。你需要一针见血地指出，哪些不正确的行为阻碍了团队业绩的达成，让大家知道，我们立规矩的目的，不是限制大家，而是更好地帮助团队进步。

有部根据真实事件改编的电影《卡特教练》，里面讲了这么一个故事，我特别有感触。篮球教练卡特上任之后，给队员立的一条规矩是，不管是每次正式练习之前，还是队员迟到时，甚至是有队员质疑教练时，训练和惩罚的方式都只有一个：做折返跑加俯卧撑。卡特教练一句话就点明了原因："你们之前的26次比赛输了22次。我看了你们的比赛，你们投篮没问题，最大的问题出在你们的体能。做折返跑加俯卧撑就是为了尽快把你们的体能短板补上。"这其实是在无形中给团队传递这样一个信号："我很专业，跟我走不会错"，让团队对你定的规矩心服口服。

光说明白为什么还不够，你还要明确"标准动作"是什么，什么时候开始执行，什么情况下可以例外。就像走正步一样，你先要给团队一个标准，让他们知道怎样才算对齐，同时说明标准以外的情况。

比如，虽然立下了"跟其他部门合作时不能说No"这条规矩，但是假如其他部门确实违背了公司价值观，或者做了伤害用户体验的事，当然要敢于说No，没必要太教条。

接下来是和大家讲清楚"违反了有什么后果"。

这一阶段你立的规矩，针对的都是"小动作"。所以，如果团队有人踩线，我建议你采取温和、轻松的小惩罚。要是过马路闯红灯都得把人关起来，那以后就没有人敢走路了。同样，小规矩起到的就是"保险丝"的作用，是为了帮助你在前期找出那些特别不听话的问题员工。把最影响业绩的障碍挪走，就达到目的了。所以，可以让"踩线"的下属表演一个节目，或者让他请大家喝一杯奶茶，等等。

第三步，让团队公开承诺。跟团队拉齐了规矩的标准之后，你可以再加一个动作来巩固，就是请大家来表个态：我们都愿意力挺这个规矩，一旦违规，愿意受罚。你可以让大家轮流对新规矩发表意见，甚至可以让大家在文件上"签军令状"，然后挂在办公室里某个显眼的地方。

不要小看这个动作，这里仍然利用了我前面提到的"承诺和一致"心理——一旦对自己的承诺进行了公开表态，有更多的人知道，人们就更容易坚持下去。

第四步，做出调整。帮助你识别出那些"刺头员工"，也是这根保险丝的重要作用。对于硬是不守规矩的员工，你需要采取行动。虽然我前面说，违反规矩时，队员只需要接受一个小惩罚。但是，对于故意违反规矩的下属，你要采取相应的动作。比如，和他谈话，询问他为什么公然违反大家都认可的规矩。如果这个下属就是不服管，我建议你及时向上级汇报，能调离就调离，不行就劝退，不要在你没有办法领导的人身上浪费你的管理资源。

划重点

1. 管理者的威信通常包括三种：职位威信、专业威信和管理威信。其中管理威信见效快也更持久。

2. 给团队"立规矩"要分四步走：第一，定好"保险丝"；第二，对齐标准；第三，让团队公开承诺；第四，做出调整。

管理动作打卡点

▼

请你在团队内部宣贯一条大家都认可的"小规矩",看看是否对你个人威信的提升有帮助。

2

价值规范：如何避免团队价值观沦为口号

> 如果你把我们的资金、厂房、品牌留下，把我们的人带走，我们公司会垮掉；如果你拿走我们的资金、厂房及品牌，而把我们的人留下，10年内我们将重建一切。
>
> ——宝洁前董事长理查德·杜普利

2.1 价值观是制度之外的游戏规则

一个团队的管理，光有流程制度不够，那只是框架性地指导员工工作；光有柔性的文化建设也不够，还有很多你看不见的缝隙，要用刚性的价值观去填充。

你可能会觉得，价值观这么虚的东西，是公司决策层的事，跟我的管理工作有什么关系？如果你这么想，那可就危险了。

作为团队管理者，你至少要从两个层面上认识到价值观对管理工作的重要性。

首先，价值观是制度之外的行动指南针，它会在微观层面影响员工的行为。举个例子。你是一家水果店的店长，店里有一份价值30元的芒果，才放了3天，就出现了一些霉点；但是，公司的制度写的是可以存放一个星期。你会怎么处理这份芒果？

你看，制度之外的缝隙出现了。员工到底是该主动销毁品相不好的水果，还是应该把它降价销售或者切成果盘销售呢？很难说哪个选择是对的，哪个选择是错的。这个时候，就轮到价值观起作用了。

如果这个团队的价值观是质量第一，那就应该主动处理掉品相不好的水果；如果这个团队的价值观是成本第一，那就要把它降价处理或者切成果盘再卖。这就是价值观的用处。如果你的团队没有价值观，类似这样的细节，判断起来就很复杂了。

其次，价值观可以有效地化解分歧和冲突，因为价值观是对优先级的共识。

一位老领导给我讲过这样一个故事。他在欧洲负责波兰业务时，有一次无意中发现，公司印刷的宣传海报上，有一个英文单词，在波兰语中是比较负面的意思，会让消费者觉得不舒服。但是，当时所有宣传品都已经制作好了，召回的话，会造成数十万美元的损失，所有人的年终奖就别想了。而不召回嘛，最多有部分消费者投诉，花几万美元赔偿，说不定也能搞定。

我的老领导建议把海报全部召回，但他当时只是一个刚毕业没几年的小兵，人微言轻，尽管他反馈了好几次，可是没人听他的。结果，我的老领导被逼急了，把墙上的公司价值观镜框拆了下来，扛到了总经理办公室，放在桌子上。他说："我知道，无论怎么做商业分析，不召回都是对的。但是，我们公司的价值观第一条就是以客户为中心，我认为客户的感受应该排在成本前面。"

我的老领导说，他当时已经做好了被辞退的准备。因为如果这家公司不遵从自己的价值观，那他也就没有留下来的必要了。幸运的是，他凭借价值观说服了总经理。而在之后 30 年的职业生涯中，他始终践行公司的价值观，最终成为这家 500 强企业的全球销售负责人。

你看，类似这样的两难情形，其实每天都在发生。规章、制度、流程不可能涵盖方方面面。价值观就是这样一个指南针，在岔路口依然能够指明方向。

2.2 从"知"和"行"两方面拉齐价值观

价值观既然这么重要，为什么在很多公司却形同虚设？这是因为，要使用价值观这个管理工具，在"知"和"行"两方面都很难。

第一，团队成员可能不了解公司对价值观的具体定义，就按自己的习惯来。

比如，很多公司都会把"诚实守信、用户第一"作为价值观，但做到什么样的程度才算用户第一？每个人心中的尺度都不一样。

第二，就算知道了价值观的具体定义，要把它变成行为习惯也很难。

员工会认为，价值观就是墙上的标语，领导说得再多，也不过是讲大道理罢了。听宣讲的时候，他们可能还有点小激动、小感动，可是回到工作中，随着时间流逝，就又该怎样还怎样了。

那么，作为团队管理者，你该怎么让价值观成为自己有力的管理工具呢？还是得从"知"和"行"两方面来抓。

我们先来说一说"知"。

首先，很多时候，大家之所以没法形成共识，是因为价值观太过抽象。所以，**我们要帮员工把抽象的价值观，翻译成可评估、可测量的行为**。

我给你一个价值观的定义：在什么情况下，采取了怎样的行为，导致了什么样的后果。

比如，"使命必达"。单听这个词比较抽象，但你可以这么翻译一下：

> 如果员工对上级布置的任务推三阻四，拒绝接受，导致任务失败，这属于不达标。
>
> 如果员工在完成任务时，能够根据任务的重要性合理分配时间和精力，根据优先级排好先后次序，保证有价值的目标实现，这算合格。
>
> 如果员工在完成任务时，能够对内部流程和管理进行全面、系统的诊断和评估，在高度混乱和模糊的环境中，有效保证所有工作目标的实现，这算优秀。

这样一翻译，员工就会知道所谓"使命必达"究竟应该怎么做了。

其次，很多价值观之所以让员工觉得空，是因为单看它们每一个都很正确，但在彼此出现矛盾的时候，它们就都变成了正确的废话。所以，**你要给价值观做好排序**，这样在遇到分歧的时候，**员工才有规可循**。

举个例子。为了完成业绩，有可能伤害同事的情感。也就是说，"使命必达"遇上了"团队合作"。那么，哪个应该优先？

这个问题，我当年在做生鲜电商的时候，管理层专门讨论过。结论是，我们所在的是一个竞争极度充分的红海市场，同事们聚在一起是为了快速达成业绩目标，而不是"你好我好大家好"。所以，只要在不违反法律法规的前提下，任何事情都要给业务目标让路。

我建议你，把这些价值观出现冲突的场景（成本第一还是质量第一、使命必达还是团队合作）编撰成一些小案例，用案例教学的方法引导大家进行讨论。这种深入的探讨，能够帮助员工更好地理解价值观。

最后，**要让员工统一共识，翻译和排序还不够，你还要学会讲故事。**

我印象最深刻的一次价值观洗礼，来自一位我所任职的跨国公司的前辈。这位前辈已经做了几十年销售，马上就要退休了。有一次，他来中国做交流，我代表同事们问了他一个问题：能不能和我们分享一下你这么多年职业生涯中最艰难的一次销售？

他讲了一个自己年轻时的故事。当时公司推出了一款洗洁精新品，可以洗水果、洗蔬菜，对人体无毒。可是，无论他如何跟渠道客户的采购解释，也出示了各种权威机构的检测报告，对方就是不相信。于是，他打开洗洁精盖子，直接仰脖子喝了一口。渠道客户的采购被他这种拼命三郎的架势震惊了，生意很快就谈成了。

当时，我们公司有一条价值观——"积极求胜"，听起来很抽象。而这位前辈的这个故事对我的意义在于，抽象的"积极求胜"一下子就变得鲜活、具体了——一名顶级的销售，不能因为客户说"不"就放弃，而是要敢于拼搏，挑战不可能。

所以，在价值观传播这件事上，团队管理者需要成为讲故事的高手。你要积累你自己和你身边的好故事，把枯燥的价值观用这样一个个鲜活的案例传递给团队成员，尽量让每一条价值观背后都有一个鲜活的故事支撑。

说完"知"，我们再来说说"行"。

怎样把价值观落地，变成我们可以借力的管理工具呢？团队管理者要做的，是把价值观嵌入选人、用人、育人、留人这一整套管理动作当中。也就是说，在管人这个维度的每个环节上，你都要身体力行地践行你宣扬的团队价值观。只有这样，大家才会真正意识到你对价值观的重视。

举个例子。面试的时候，我一定会问，候选人在达成目标的过程中，如果遇到了价值观的冲突，是如何进行选择的。是优先考虑客户，还是优先考虑业绩？是成本导向，还是价值导向？等等。**在选人时就选择价值观相似的候选人，未来达成共识的概率就会高一些。**

用人时，我也会把价值观作为一个重要的考察点。我的做法是，每个季度要求团队成员参考公司的价值观给自己打分。1分表示不合格，2分表示达标，3分表示优秀。如果自评是3分，那就需要提供一个真实的案例故事作为佐证。

尤其是人事任免环节，这是职场里大家最为关注的时刻，更需要把对价值观的考察鲜明地体现出来。

比如，如果有下属为了完成业绩而虚构报表欺骗公司，违背了你们"诚信"的价值观；或者有下属做出了伤害顾客体验的恶性行为，违背了你们"顾客第一"的价值观；又或者有下属拒绝分享经验，违背了你们"学习成长"的价值观；但是与此同时，他们都是业绩不错的员工，你该怎么处理？

我的建议是，一定要做到零容忍。你需要请HR和你的上级第一时间介入。如果下属触碰了公司的红线、底线，你需要果断地将他们开除，并将其作为反面案例来给其他员工做价值观培训。

我的理由很简单：价值观是一种共识。一旦你容忍了违背价值观的一件小事，团队就会收到一个错误信号——"看来你说一套，做一套嘛",那么,以后你再提价值观,就很少会有人相信了。

总的来说,一方面,作为团队管理者,你要非常清晰地知道公司对价值观的定义和排序;另一方面,在"选育用留"的每个环节,你都要把价值观嵌入进去,这样它才能帮你起到管理作用。

划重点

1. 价值观是制度之外的行动指南针,它会在微观层面影响员工的行为。

2. 价值观可以有效地化解分歧和冲突,因为价值观是对优先级的共识。

3. 团队管理者要帮员工把抽象的价值观,翻译成可评估、可测量的行为。

4. 团队管理者要把价值观嵌入选人、用人、育人、留人这一整套管理动作当中。

管理动作打卡点

▼

请你组织一次关于价值观的讨论,让大家各举一个最符合公司某条价值观的案例,加深团队对价值观的理解。

附录

《管理者日历》使用说明

12年前，我刚从大客户经理晋升为大客户团队总监、要管理一个30人的团队时，我的老领导跟我说："你顶多高兴一个晚上，明天就会被各种麻烦淹没。"

我当时不相信。结果上任的第一天，人仰马翻，我比平时还多加了4小时的班。我这才体会到，团队管理最大的挑战，其实是时间掌控上的无力感。

后面的日子过得仍然不轻松。第一天，一个下属拉着我问一项我5分钟就可以搞定的工作，但教会他花了我2小时；第一周，一个团队骨干来找我提离职；晋升之前，我的业绩是全团队最好的，但晋升之后的第一个月，我带的这个团队业绩都没有达成。

我真想跟老板谈谈，把工资给他退回去，让我简简单单做个大客户经理得了。

我相信我并不是特例。如果你也是从业务骨干转型的团队管理者，你是否也感觉自己很努力、很勤奋，却很无力？就像你开车上了高速，非常卖力地在踩油门，结果时速却始终停留在20公里。

为什么会这样？

因为，你的时间不再属于你，而属于团队，**你的时间"投资"在哪里，你管理的重心就在哪里，团队的产出也会在哪里**。团队管理，某种意义上讲，其实是团队管理者的时间管理。

幸运的是，我当时遇到了一位非常耐心的上级。发现我的问题之后，他没有选择敷衍地安抚我的情绪，而是坐下来，和我一起梳理我的工作日程。

我把他指导前和指导后的两份日程表都放在了下面，你能看出它们的区别吗？

附表1　刚晋升时的一天		
9:00—10:00	出发到客户处	业务
10:00—11:00	到客户现场，检查我方产品在客户卖场的销售方案执行情况	过程
11:00—12:00	与采购沟通公司的一款新品上市方案	业务
12:00—13:00	午餐	
13:00—15:00	参加市场部的新品会，给新品设计提建议	业务
15:00—16:00	和一位下属进行离职挽留谈话	意愿
16:00—17:00	和一个外地客户开电话会议，安抚对方的投诉	业务
17:00—18:00	总结今天的拜访情况，并向上级汇报	业务
18:00—22:00	加班回白天的邮件，处理手上的杂事	业务

附录 《管理者日历》使用说明

附表2 指导后的一天		
9:00—10:00	和团队一起进行业绩复盘，并布置下阶段工作重点和目标	目标
10:00—11:00	和三名下属分别进行20分钟的一对一谈话，调整他们的工作状态	意愿
11:00—12:00	向公司高层介绍团队未来一年的业绩突破口和接下来的策略	目标
12:00—13:00	和资深员工小K共进午餐，了解他最近的状态	意愿
13:00—14:00	和上级开会，汇报新品上市部署情况，并争取10名促销员的配额	过程
14:00—15:00	给新招的管培生培训沟通技巧	能力
15:00—16:00	和资深员工小A一起工作，用十六字箴言对他进行辅导	能力
16:00—17:00	和财务同事开会，了解目前销量缺口并制订加强计划	过程
17:00—18:00	和团队大客户经理开会，了解竞争对手动态，制订反击策略	目标

附表1是我刚晋升时的典型工作日程，这位上级指出了存在的三大问题：

第一，单兵作战的时间太多，调动团队的工作时间太少。像市场部的新品会，其实完全可以安排我的一名下属参加。当时，这位上级开玩笑说:"你什么都自己干,简直就是'走下属的路,让下属无路可走'。"

所以,你可以看到,在附表2中,我大幅增加了团队相关的内容,比如开早会,和团队一起分析竞品,等等。

第二,理事太多,管人太少。在附表1里,几乎看不到和管人相关的动作。无论是新员工的培训、老员工的经验萃取,还是对员工的表扬、激励,都被我忽略了。这些工作虽然重要,但却并不紧急,如果不在日历上提前锁定时间,就会不知不觉地被其他事情挤走。

第三,被动"救火"的事太多,主动"防火"的事太少。员工的状态,平时就要多加关心;重要客户的投诉,也要通过流程消灭在萌芽状态,不能总是由我善后。

另外,这位上级还从表里删掉了很多我认为自己该做的工作,反而让我去完成一些我之前没有想过的任务。比如,他删掉了我大部分的客户拜访,反而让我花时间好好设计一下我的团队简介和策略屋。

他的理由是,公司内部对我负责的业务比较陌生,我作为团队负责人,要尽快让高层领导清楚团队的发展计划,从而更好地支持我。

这样调整下来,3个月后的一天,我发现我可以按时下班了。半年后,恰逢年底业务冲刺,我也带领团队完成了当年的业绩目标。

从一天的时间优化中尝到甜头之后,我把这套工具推广到一周、一个季度,甚至一年。在创办管理咨询公司后,我又用这套方法帮助至少20家知名企业的管理者进行了时间管理。

那么，具体该如何制作一份属于你自己的日历呢？我给你一个三步走的招法：

第一步，按"先年度后季度，先理事后管人"的原则，锁定"**大石头**"。每年第一季度都要做策略的规划、绩效积木的拆解、目标的宣贯、人才的盘点和规划，等等。把这些事情提前在日历上的一月份找时间固定下来。记住，要先固定"目标""过程"相关的日程，再固定"能力""意愿"相关的。因为往往要等事情理清楚了，你才能更好地规划人。如果你连业务方向都不清楚，又该怎么去规划员工能力的提升呢？

第二步，**循环放入每周固定要捡的"小石头"**。我的习惯是，每周二中午请一位下属吃午餐，在轻松的环境中了解他的需求、想法；每周四提醒自己，要公开表扬一位这周表现优异的员工；到了周五晚上，我则会和公司足球俱乐部的同事们一起踢场球，做一次朋友的团建。你也可以根据自己的想法，在一周开始之前就将一些重要的时间在日历上锁定下来，形成自己的管理习惯。

第三步，**放入关键时刻的"小沙子"**。一些重要的时刻，比如某些员工入职五年的纪念日、员工的生日、重要的业绩里程碑达成时刻等，一年就一次，错过会很遗憾，所以你也要在日历上锁定。每周开始前，你可以先看一下本周的日历，提前做好庆祝的准备。

无论是"大石头""小石头"还是"小沙子"，我把它们全都列在了这份《管理者日历》里。你可以按我上面说的方法，把它们标注在你的日历里，或者把这份《管理者日历》贴在墙上，**时刻提醒你去打卡那些必做的带团队动作**；你还可以把这份日历当成知识地图，用它帮助你打通这些管理动作，**养成团队管理者的整体化系统性思维**。

在这份日历的背面，我用我自己的日程表给你做了 3 个月的范本，你可以仿照它在你的日历上填填看。

当然，我相信好学的你，一定还能给这份《管理者日历》开发出更多的用法。管理是一门实践学科，学（看书）和习（练习）要密切结合起来。衷心祝愿你早日成为带团队的高手！

后　记

　　我自己的带团队能力有过几次重要的提升，每次都是在"山重水复疑无路"的时候，在带团队的方法帮助下，才终于渡过了难关。

　　首先我要感谢本科时一次难忘的比赛。大四时，我们几个学生代表西南财经大学参加德勤税务精英挑战赛。作为非财税专业的学生，我们要在三个月内"啃完"一米多高的专业教材，与来自全国顶尖高校的团队同场竞技。当我觉得自己学了半天，专业能力还是一无是处、未来工作又没有着落时，我的导师吕敏教授、领队张洁老师给予了我充分信任，让我在团队中发挥了"协调者"的作用。

　　当时，我协助老师们一起宣贯学习、比赛目标（目标），根据大家的优势重新分工（过程），组织小队专项学习（能力）、沟通协调组员的保研、求职需求（意愿）。在团队的通力合作下，我们击败复旦、上财这些传统强队，拿到了赛区第一的好成绩，这是我第一次深切地感受到做好带团队工作的巨大价值——同样的一批人，由于管理动作的改变，竟可以迸发出如此巨大的能量。

　　后来，在校招季，我凭借这个案例，成功拿到了宝洁管培生的录用通知。进入宝洁之后，尽管我大学刚毕业，公司就敢把接近一亿元的福建零售执行业务交给我。而我应对压力的方式，正是学习各种带团队的工具。宝洁有一套成熟的 5E[1] 领导力模型。更幸运的是，我遇到的每一位上级——陈煌树、袁园、孙林、Jean-Louis Delamarre、Jerome Dobuis——都在以身作则，践行宝洁的领导力文化，帮助我成长。

离开大企业的平台，自己创业之后，我更加深刻地意识到，不能照搬大公司的方法，必须走一条适合自己的路。创业企业资源少、平台小，员工能力和大公司有差距，如果生搬硬套，只会让团队水土不服。好在管理的道理是相通的。感谢两位联合创始人祝鹏程、王海晖的信任，这个阶段是我真正开始形成自己带团队的风格和方法论的时期，也为我现在服务其他创业企业提供了大量接地气的实践案例。同时，也要感谢清华大学工业工程系，在工程管理硕士攻读期间，我逐步补齐了自己在擅长的营销、人资管理之外的质量管理、过程管理、流程管理等短板。

2018 年至今的管理咨询服务，则是我验证我的团队管理方法论有效性的阶段。作为公司的创始人，在提供服务的同时，我倍感责任巨大，深恐辜负企业的信任和员工的期盼。感谢所有信任我们团队的企业家朋友，能够服务你们是我们的荣幸。感谢高维学堂的创始人林传科 KK，让我们能接触到一大批优秀的创业者；感谢韶音骨传导耳机的创始人陈皞总，给了我们从 2019 年陪伴其营销团队至今的机会；感谢宁波银行的陆华裕董事长、白象集团的姚进

---

1 Envision（愿景力）、Engage（驱动力）、Execution（执行力）、Enable（赋能力）、Energize（感染力）。

后记

总、华为南研所的王辉总、嘉悦国际的王文标董事长，把团队的营销骨干和业务管理者交给我们来训练；感谢智盛集团的杨成玮总和李青田总、奶糖派的大白、凯帝丽莎的施笛霞女士、卓创国际的邱晶女士、硕软国际的刘添兵总工、跑红集团的潘总、东西乐活的吴总和龙总、知外电商的青姐和江总、华畜的王泽举总、有品克拉的冯栋总，让我有机会助力企业打造营销人才管理体系；感谢三节课的后显慧先生、格睿德的王再磊先生、智博商学院的尹宁女士，谢谢你们的链接和助力。

最要感谢的是罗振宇老师、脱不花和得到App。得到不仅仅给我提供了一个平台，让更多人通过我的《给中层的管理课30讲》等系列课程认识我，更重要的是在打磨课程的过程中，帮助我把实践经验提炼成了具体的方法论。这种精益求精、为终身学习者服务的工作方式，离不开罗振宇老师和脱不花创始人注入的价值观。谢谢当时负责得到能力方面课程的蔡钰老师，在听了我合伙人王刚的推荐后，大胆"启用新人"，让名不见经传的我得以开始和得到App的缘分。感谢罗砚主编的选题和编辑舒扬、小双的精心打磨，让我的管理系列课程得以上线。感谢得到图书的总编辑白丽丽老师，从2020年就开始策划这本书，并且作为本书的第一位读者，经常和我一起探讨带团队的心得体会，帮助我从用户视角看内容；感谢我的编辑慧哲老师，耐心地修改我的文稿，提出了大量的宝贵意见——你们不愧为"知识的助产士"！

感谢各位读者的厚爱。限于篇幅及能力，如果您还有进一步的疑问，或有商务合作的需求，可以通过这个邮箱和我直接联系：tjj18@mails.tsinghua.edu.cn。

最后感谢我的太太杨洁和我父母、岳父母、孩子们的支持和体谅。管理咨询工作要求我花大量的时间在客户处，这让我时常无法顾及家人。家庭也是一支团队，感谢太太帮我带好这支队伍。

汤君健

2024 年 4 月 2 日

于 茂诺咨询

图书在版编目（CIP）数据

带团队的方法 / 汤君健著. -- 北京：新星出版社，2024.6
ISBN 978-7-5133-5636-7

Ⅰ.①带… Ⅱ.①汤… Ⅲ.①企业经营管理–通俗读物 Ⅳ.① F272.3-49

中国国家版本馆 CIP 数据核字 (2024) 第 085067 号

带团队的方法

汤君健　著

责任编辑	汪　欣	封面设计	周　跃
策划编辑	白丽丽　张慧哲	责任印制	李珊珊
营销编辑	陈宵晗　chenxiaohan@luojilab.com
	张羽彤　zhangyutong@luojilab.com
	许　晶　xujing@luojilab.com

出 版 人　马汝军
出版发行　新星出版社
　　　　　（北京市西城区车公庄大街丙 3 号楼 8001　100044）
网　　址　www.newstarpress.com
法律顾问　北京市岳成律师事务所
印　　刷　北京盛通印刷股份有限公司
开　　本　635mm×965mm　1/16
印　　张　19.5
字　　数　200 千字
版　　次　2024 年 6 月第 1 版　2024 年 6 月第 1 次印刷
书　　号　ISBN 978-7-5133-5636-7
定　　价　69.00 元

版权专有，侵权必究；如有质量问题，请与发行公司联系。
发行公司：400-0526000　总机：010-88310888　传真：010-65270449